解密金正恩

南韓的第一手北韓觀察報告

**透過韓國 KBS、英國 BBC、德國 ZDF 合作紀錄片，
全方位了解北韓的政經情勢**

KBS〈誰能撼動北韓：解讀北韓的正確關鍵字！〉製作小組、柳宗勳　著

此刻，北韓對於我們的意義是？

誰能撼動北韓？

答案很明顯，是金正恩。

朝鮮民主主義人民共和國（下稱『北韓』）由金日成、金正日、金正恩祖孫三代專政掌權，就算閱遍全世界的社會主義國家的歷史，也很難找到這種三代世襲的政權。在此種情況之下，北韓的政體是被絕對權力完全掌控的，因此「誰能撼動北韓？」可說是個蠢問題。

不過，哪怕是愚問，還是能得到賢答，所以製作小組決定再次拋出這個愚問，本次我們將答案範圍縮小到金正恩的身上。年僅二十八歲就登上北韓最高權力統治者的金正恩，就任後不知不覺也已過了七年。記得在他掌權初期，曾有「北韓政權即將崩潰」一說，

然而七年之後的現在，金正恩已坐穩領導者位置，成為名符其實的北韓領導。

讓我們稍微回溯時光。一九九四年金正日正式執掌北韓政權，當時也曾傳出北韓即將垮臺的流言，但其政權卻依舊屹立不搖。

我們並不了解北韓。一般推估北韓約有數十萬至數百萬人民正飽受飢荒之苦以及餓死的危機。儘管如此，北韓至今仍維持一人獨裁，即便地球上有過半數的社會主義國家早已崩潰，就連中國都舉起改革開放的大旗近四十年了，但北韓依舊緊鎖國門，阻斷與外界的往來。面對強大的美國，選擇以核武進行豪賭，一路暴衝，無人可以阻擋，不僅如此，還可一夕變臉，轉而與美國總統川普進行協商，跌破許多專家學者的眼鏡。究竟是誰改變了這個獨裁國家？令人好奇不已。

這次製作紀錄片的方式略為不同，我們希望能擺脫過往單純播放北韓內部景色，或者每當發生重大事件時便緊急聘請專家分析的方式；轉而針對北韓權力領導中心與其組織結構來進行深度探討。我們以「政治」與「經濟」為主軸，篩選出「權力菁英」與「海外勞工」這兩個關鍵字。

首先，我們將權力菁英定調為解釋北韓政治之窗。北韓是一個王權國家，雖然打著社會主義為號召，但那只不過是表面而已，在這種王權世襲制度下，不僅「君主」本身，連其臣民也是代代世襲，就如同朝鮮時代的老論與少論名門派閥❶那樣，北韓的當權階層也是世襲的，例如與金日成一起在滿州參加過抗日戰爭的游擊隊的部屬們，就躋身於當權階級，而其中最具代表性者，就屬崔龍海❷。崔

龍海的父親崔賢與金日成同屬抗日游擊隊，曾發動過普天堡戰役❸，官拜人民武力部長，崔龍海為崔賢之次子，可說是含著金湯匙出生的天之驕子，只要觀察這些達官貴人二代在金正恩掌權以後的權力浮沉，就能一窺北韓權力的走向。

權力的大小和與該人物距最高掌權者多近成正比，因此我們相當好奇誰與金正恩親近。我們收集了參與金正恩的「實地指導」❹執行者名單，並針對曾被「勞動新聞」❺與朝鮮中央電視臺點名的順序評分，加以分析他們的社會網絡。我們藉由組織間各成員的相互依存為基礎，分析其人格、社交網絡等，這也是統計數據或者大數據分析最常使用的方法。我們挑選那些較為突出的人物，輸入年齡、性別、學歷、出生地區、家庭出身、專業項目後，仔細比對其縱向與橫向的人際關係，就連北韓最高權力機關「最高人民會議」的委員們，也以相同方式來進行分析。

在分析過程中，我們遇到了不少困難。首先，關於北韓主要人士的資料嚴重不足，儘管我們蒐羅了國防部與統一部❻的公開資料，以及情報機關和眾多北韓情勢研究所的資料，資訊仍相當匱乏。

最後我們只得求助脫北者。脫北者當中，有些人曾任北韓高階官職。這些人因身分敏感，一般無法在媒體上曝光，我們好不容易才聯絡上其中幾位，向他們說明「誰能撼動北韓」這項企畫的主旨，並請求他們的協助，才得以揭露這些只有在北韓生活過才能知曉的內幕。

由於這項調查匯集了龐大的資料，因此就連研究相關領域的專家們也頗感興趣，數度與我們聯絡。光憑權力菁英的網絡分析，我們

就得以窺探北韓政治權力走向，同時進行預測。就此，我們粗略地依照肅清張成澤❼與第七次勞動黨黨大會等事件來畫分時期，並選出每個時期的重點人物，描繪出金正恩執政七年的輪廓。

透過權力菁英這個關鍵字，我們所看到的金正恩，意外的是個冷靜睿智的領導者，他重用涉獵經濟、科學、技術等實務上的年輕官員，在七年掌權期間，培養自己的人馬，並汰換掉過往圍繞在父親金正日身邊的重臣，如今偶有聞之的北韓肅清消息，正是金正恩拔除遺臣勢力之作。或許金正恩不是個處事合理的領導人，但他在推動「社會主義強盛國」這目標上卻十分強而有力，並展現出相當的領導風範。而不少證據也警示我們不可小覷金正恩，千萬不能只把他當作瘋子，或拿核武開玩笑的小屁孩。

另外，在解讀北韓經濟時，我們使用北韓對外輸出的勞工作為解譯的基石。七年前，我們在製作關於金正日的紀錄片時，曾短暫訪問過當時被派遣到非洲的北韓建築工人。還記得當初製作小組一陣詫異，「居然被派遣到這麼遠的地方！」北韓不停將本國勞工輸出到世界各地，不只輸出到中國、俄羅斯，還輸出到馬來西亞、蒙古、波蘭、中東等地，這些勞工每年為北韓賺到的外匯約為二到三億美元。以北韓本身的經濟規模來看，不難看出海外勞工外匯所得有多麼龐大。

不過，採訪北韓在外勞工並不容易，因為他們全部過著被徹底控管的生活。北韓勞工在海外的宿舍與當地勞工宿舍有很大差別，是另外獨立出來的處所，每一個入住者的個人活動都受到限制，這是因為北韓當局擔心一旦勞工對其他世界的體制產生嚮往，未來回到

北韓時，將成為影響政局體制的不安定因子，所以當局對於海外勞工的監視從未鬆懈過。也因如此，我們的採訪特別艱困，哪怕說錯一句話，就會和對方產生爭執，甚至有可能打起來。

此外，本節目主要於二〇一七年進行取材，當年正好是北韓進行核武試驗的高峰期，金正恩連日強行發動核武試驗與發射火箭，使得整座朝鮮半島都籠罩在軍事緊張氣氛之下，對此，川普急遽強化對北韓的經濟制裁，且制裁對象涵蓋到北韓對外輸出的勞工。當時川普嚴禁輸入北韓勞工，同時也不允許北韓勞工的簽證展期，就連已取得簽證的勞工也一一被遣返，完全掐住北韓的經濟命脈。

情況如此緊張，北韓勞工們對外界的接觸也就更加警戒了。我們不只難以和他們搭話，甚至就連找尋工作地點都是一大難題。由於當時的採訪為海外取材，不像在國內取材那樣沒有時間限制，種種困難幾乎讓我們無法叩關而行。

所幸在國際夥伴的協助之下，我們總算完成了採訪海外勞工的任務。包括中國在內的亞洲組新聞業務，是由 KBS ❽ 領頭，而包括波蘭在內的歐洲組，則是交由德國記者小組進行取材，德國團隊的採訪實力既嫻熟又老練，不愧是獲得過艾美獎的高手。

我們的採訪視野盡量追求多元化。北韓勞工們所掙得的錢，最後多流向北韓執政黨中央與當局的金庫裡，已然是不爭的事實，世界各國當然會合理懷疑那些錢終將使用在核武開發上，再加上海外勞工們的勞動環境苛酷，從人權的角度來看，也是十分嚴重的問題。可是就算情況如此，難道就只有封鎖北韓勞工對外輸出這個方法嗎？無論如何，北韓勞工們手上的那一丁點錢，終究會流向北韓市

場，而北韓的原始市場經濟就是利用流回國內市場的錢來維持當局命脈，而且勞工們回國以後，過往在海外生活的經驗將成為改變北韓社會的一個種子。

德國採訪團隊的取材重點擺在前者，而我們 KBS 製作小組則針對後者多所著墨，於是我們攝影機裡的北韓勞工模樣，居然和從前一九六〇～七〇年代為了養家活口、報效國家而毅然搭機前往海外工作的父母相同。那些牽動著北韓經濟的海外勞工們，都自稱是「美元英雄」。

二〇一八年春季，在節目製作的最後階段，朝鮮半島產生了很大的變化，眾所矚目的南北高峰會談❾與朝美高峰會談❿，促使局勢在短短一、兩個月間產生一百八十度的轉變，這樣的變化說是遽變也不為過。早在晚春之際，許多國際關係專家依舊擔憂美國會發動軍事行動，民間也認為遲早會發生戰爭，而被稱為「鼻血作戰」（Bloody Nose Strike）⓫的軍事方案更是高達二十多個，不少專家學者紛紛要求新聞媒體必須盡速報導相關訊息。

不過這樣的情勢很快就有所轉變。文在寅與金正恩、川普、習近平、安倍晉三、普丁聯手，一同站到了近來難得一聚的盛大舞臺上。二〇一八年四月二十七日，南北雙方的領導人攜手橫跨板門店軍事分界線，展開了有別以往的南北峰會。若以時下的流行語來形容，這是會讓人連連驚呼「真的還假的？」的事件。在那一刻，全世界的目光都聚焦在板門店，從當時媒體中心湧入三千多名海內外採訪記者這點，便可見一斑。

看著一日數變的新聞轟炸，我們不禁再次懷疑：究竟北韓是從何

時開始準備如此巨大的異動？又是依照什麼藍圖來丟出這些話題？因此，節目的製作方向不僅是誰能撼動北韓，還包括了如何維持這個不可思議的國家體系，並且獲得國際社會的關注。現在大眾對於北韓及金正恩的關注遠勝以往，而 KBS 能將取材時間長達一年六個月的資料呈現在各位面前，不僅是我們的驕傲，也讓我們對於能滿足大眾「知的權利」感到自豪。

為了這個節目，我們往返於俄羅斯、中國、波蘭、科威特等世界各地，並與蒙古、馬來西亞、塞內加爾等地的海外記者接觸，也遍閱美國及羅馬尼亞的各大檔案網站，想方設法進入俄羅斯及中國的軍事文件保管處，以獲得各種情報。當我們看到海外任何關於北韓的紀錄片時，只要發現有任一片段足以引用，就會立刻拿起電話聯繫與取得授權，這一切過程都是為了了解北韓所必需的。在我們採訪的過程中，某位專家的話讓我們記憶猶新，他說：「朝鮮半島的統一不是結果，是伴隨著過程而成就的。」如果我們的努力能在這個過程中產生一絲一毫的幫助，便已足矣。

KBS 特別企畫「誰能撼動北韓」製作小組

註釋

❶—— 編註：老論派與少論派屬於朝鮮肅宗（1661-1720）時兩班貴族中的西人黨，因為在與支持張禧嬪一派的南人黨的政治鬥爭中產生不同歧異，因此分裂為老論派與少論派。在本篇序中用以舉例兩班貴族世襲傳統之意。

❷—— 編註：現為朝鮮勞動黨中央委員會政治局常委，普遍被外界視為金正恩的親信之一。

❸—— 編註：普天堡戰役被視為是金日成抗日的重要戰績之一。一九三七年六月，中國人民解放軍前身之一的東北抗日聯軍，越過滿洲國與日治朝鮮的邊境，襲擊日本統治下的普天堡（位於今朝鮮的兩江道）。當時襲擊隊伍的指揮官自稱是東北抗日聯軍第一路軍第二軍第六師金日成。不過據後人推測，事件發生當時金日成約為二十五歲，而指揮官根據紀錄看起來年齡介於三十五至四十歲之間，因此有學者懷疑指揮官可能並非金日成本人。

❹—— 最高掌權者親臨現場指導之方式，為北韓特有的政策指導方式。

❺—— 編註：《勞動新聞》是北韓主要的媒體，由唯一的執政黨朝鮮勞動黨發行。截至目前，該報在中、俄、古巴、埃及四地有常駐記者。

❻—— 編註：韓國的中央行政部門之一，職責為南北統一及南北對話、交流合作，以及統一事業的宣傳教育等。

❼—— 編註：張成澤，金正恩之姑丈。在金正恩主政初期，被認為是北韓的權力核心。二〇一三年因貪瀆、結黨營私等罪名受到處刑。

❽—— 編註：KBS 是 Korean Broadcasing System 簡稱，即「韓國放送公社」。為大韓民國最早的公營電視臺及廣播電臺。

❾—— 編註：此處應指的是二〇一八年四月的第三次韓朝首腦會談，在這次會談中，南韓總統文在寅與北韓領導人金正恩，手牽手跨過雙方邊界，這也是北韓首次有領導人踏上南韓的土地。

❿—— 編註：簡稱「川金會」，二〇一八年六月於新加坡聖淘沙舉行，也是北韓立國後首次與美國領導人會面。兩人並於會後簽署了四項聲明，承諾實現朝鮮半島無核化及恢復美朝關係。

⓫—— 以預防打擊之概念來對北韓發動的有限攻擊。川普將此攻擊列入對北韓軍事方案中，引發外界的矚目。

目　次

★第一部★
金正恩時代，局勢更迭

01
忘掉過去的北韓

三次南北高峰會的成就

二〇一八年四月二十七日,一場世紀高峰會就此展開。南韓總統文在寅與北韓國防委員長金正恩,在板門店共同警備區位於南韓這端的和平之家裡,舉行了南北高峰會談。自此,持續了六十五年之久的停戰協定終於轉變為朝鮮半島的和平協定,為朝鮮半島的和平開啟了新的篇章,同時也為二〇一八年六月舉行的朝美高峰會談,揭示了可能的議題方向。

南北高峰會談的意義重大,足以讓南北關係的歷史以此畫出分水嶺。當然,除去高峰會談以外,南北韓之間也有其他途徑進行協議;但高峰會是一個契機,南北韓的關係將依照高峰會的內容,正式轉換為實務運作。不同政治體制的南北韓,有很長一段時間拒絕

往來，雙方一直處於無法信任彼此，誤解、互相猜疑的混亂狀態之中。然而在雙方希望改善南北關係的意志與努力之下，南北韓高峰會談可說是改善兩韓關係的重要推手。

最初的南北高峰會談是在二〇〇〇年六月於平壤舉行，當時參與會談的雙方領導人分別為金大中總統與金正日國防委員長。那次會談的最後一日，雙方發表了《南北共同宣言》（或稱《6·15 共同宣言》）。雖然可以由多方角度來詮釋此宣言，但其核心都是「共存」。

《南北共同宣言》的第二項條約，認可南韓的提出之「南北聯合」與北韓提出之「低階的聯邦制」有其共通之處，同時也明示了要彼此互相進行協議。由於兩韓認可協議中所提到的體制，並約定好要為了共同的繁榮而努力，所以更顯意義重大。雖然這項協議飽受南韓保守派的批評，但兩韓互相確認「朝著統一邁進」，並循此進行協議，成為了日後兩韓開啟對話之窗的墊腳石。

第二次南北韓高峰會談則是二〇〇七年十月，由盧武鉉總統及金正日國防委員長所舉行的會談。舉行第二次會談的地點同樣在平壤，會談結束後則發表了象徵「促進南北韓關係之發展與和平繁榮之宣言」的《10·4 共同宣言》。二〇〇七年的南北韓高峰會談不僅協助推動解決北韓核武問題，同時也促進朝鮮半島的和平。在這次會談舉行前，雙方早已一點一滴地著手準備，期間包括在二〇〇四年六月四日舉行的第二次南北韓「將軍級軍事會談」，協議避免發生突發性的衝突，並從二〇〇四年六月十五日起中斷南北韓兩方的停戰線擴音機廣播，力促和平而非對決，最後成功引導南北韓高峰

二〇〇〇年六月，於平壤舉行的第一次南北高峰會談。

二〇〇七年十月，於平壤舉行的第二次南北高峰會談。

二〇一八年四月，於平壤舉行的第三次南北高峰會談。

會談順利舉辦。

在《10·4共同宣言》中，詳細記載了南北韓關係的互助事項，其中值得注意的是「西海❶和平協力特別地帶」之構想，該部分最具爭議的一點為北方界線（Northern Limit Line）❷。北韓在一九五五年以十二海哩為基準自行畫分領海，並在那之後時不時地侵犯北方界線，先後引發了一九九九年的延坪海戰❸、二〇〇二年的西海交戰❹，一直到了二〇〇七年南北韓高峰會談，雙方才協議出西海和平協力特別地帶，約定好彼此不觸碰軍事與政治的敏感處，並且透過經濟上的互助，推動兩韓走向和平。

二〇〇〇年與二〇〇七年這兩次南北韓高峰會談之後，究竟在對北韓政策的過程中，有無任何得失？上個世代留下了朝鮮半島和平體制這個課題，其中最重要的部分就是能否透過協商來解決北韓的核武。此外，南北經濟互助的制度化，也是重大課題之一。要構築出互助的經濟體制，就需要短期的規畫與中長期的觀點分析。除了仰望政府的居中斡旋，更需要借助企業的投資活化促成社會間接資本設施，再加上要說服冷戰至今仍強調反共主義的保守派，也是個艱難的問題。站在超越黨派的立場上，該如何畫出南北關係的未來藍圖？透過第三次南北韓高峰會談，我們又是否能夠找出具體的答案？

新平，新的開始

　　相隔十一年的第三次南北韓高峰會談，於板門店舉行，這也是第一次在平壤以外舉辦的兩韓高峰會談。因南北韓分裂而成為雙方互相對峙場所的板門店，在第三次會談中，成了兩韓對話交流的象徵。這是個戲劇性的反轉。

　　二〇一八年南北韓高峰會談準備委員會所定調的標語為「和平，新的開始」，兩韓領導人的會談不只為朝鮮半島畫上新的一筆，也在世界史上寫了新的一頁。這不僅僅只是兩韓領談人的會晤，同時也是引導朝美高峰會談的峰會，可說是促進世界和平的開始。

　　這種和解模式直到一年前為止，仍是無法預想到的情形。由於北韓以一連串的核武試爆不斷進行挑釁，別說是高峰會談，就連雙方是否能好好溝通都難以預測，不只如此，在南北韓高峰會談舉行的幾天前，全世界研究北韓情勢的專家學者們，也紛紛表示兩韓會談恐無任何成果。

車維德 Victor Dong Cha
美國國際戰略研究中心（CSIS）韓國首席

　　「對於北韓要關閉豐溪里的核武試驗場，以及中止核武暨飛彈試射的宣言，我們樂見其成，但該宣言了無新意。為了要使高峰會談有所成果，相關的基礎作業十分重要，未經事前協調，單單只是在

峰會裡發表非核化宣言，並不能視為成果。雖然目前尚不能預測北韓的立場，但有一點可以肯定的是，南北高峰會談的結果將成為日後朝美高峰會談的直接預告。」

詹姆斯 · 史坦伯格 James Steinberg
美國前副國務卿

「究竟北韓宣示的非核化是否為真，還需要經過驗證。看北韓是否接受視察團的考察，才是可確認其真實性的有效方法。」

布魯斯 · 班尼特 Bruce Bennett
美國智庫蘭德公司　前研究員

「就美國的立場而言，金正恩所宣稱的關閉豐溪里難以視為非核化之過程。為了確認北韓宣言的真實性，需要經過驗證，其中對於核武本身的驗證，將更著重於核能設施的檢驗。如果北韓接受國際原能總署（IAEA）⑮的視察，才可視為非核化的第一步。其實不只核武，任何傳統武器都能威脅朝鮮半島的和平，要是南北韓雙方願意協議各自減低五十萬名兵力，那麼戰爭的威脅也會同等減少。」

過去曾在歐巴馬政府底下行政部擔任副國務卿，同時也是雪城大學（Syracuse University）教授的詹姆斯 · 史坦伯格，在被問到什

麼方法才能確認北韓非核化的真實性時，是這麼回答的，「北韓需要接受國際原能總署的視察，並檢查北韓境內的核武試驗場開發是否中斷，才能確認其真實性。」他說，「儘管北韓表示已中斷核武開發，但無法完全解決北韓的核武問題。」他還表示，「北韓製作核武的能力仍在，而且還必須要確認他們是否打算開發長程飛彈等武器。」

在全世界的擔憂與期待之中，熱烈舉行的二〇一八年南北高峰會談已過，如今必須恢復冷靜並且理性思考，究竟我們有多了解北韓？金正恩是如何統治北韓的？誰能真正擁有撼動北韓的權力？有一點很明確，儘管南北愛憎交織了這麼多年，我們至今仍對北韓一無所知。不過從現在開始，不能繼續這樣渾渾噩噩，因為不只要讓停戰轉變為終戰，更要積極地邁向和平。

02
金正恩的北韓，
改變的權力結構

過於短暫的繼承期

二〇一一年，金正恩站上了北韓最高統治者的大位，當時不過二十八歲而已。跟父親金正日相比，金正恩可說是以超高速繼承北韓統治者的位置，相對的，作為繼承者的學習時間也非常短暫。一九六六年，金正日二十二歲，正式開始接受作為繼承者的統治訓練，到了一九七四年，才以三十二歲的年紀接掌黨政局委員，並正式宣告接班。最後，金日成於一九九四年去世，金正日終於在五十二歲時，繼承北韓的最高權力。經過三十年的繼承學習以及三年間的遺訓統治❶，金正日的權力交接之路可說是無風無雨、穩穩當當。

但對於金正恩來說，卻沒有獲得充足的時間準備。二〇〇八年，

因金正日健康惡化，政權的接班問題才正式浮上水面。曾經比誰都健康的金正日，在二〇〇八年八月罹患腦瘤以後，身體狀況急遽而下，但他為了完成核武開發以此為手段換取韓國與國際社會的援助，仍強忍病痛，凡事親力親為，更急著穩固接班體制。

在二〇〇六年的新年演說裡，金正日曾說，「今年是社會主義強盛大國黎明東昇的一年」，到了二〇〇七年的新年演講，他更進一步表示，「在金日成主席誕生一百周年的二〇一二年，將會成為開啟強盛大國之門的燦爛一年」，並加緊進行經濟建設。可惜事與願違，國際社會刮起了一陣逆風，美國針對北韓一連串的核武試驗展開了金融制裁，就連聯合國安理會也通過對北韓的制裁決議。

當北韓的祕密資金流向被封鎖，金正日一如美國預期承受了極大的壓力，而他的接班布局，也就是在此時被外界觀測探知。當時，金正日將妻子高英姬生前與孩子金正哲、金正恩一同生活過的平安北道昌盛招待所，改建為「革命史蹟」，也有一說是金正恩出生地就是昌盛招待所。

金正日的健康一度有恢復的跡象。二〇〇七年十月，第二次南北韓高峰會談期間，金正日談笑風生，展現他與當年跟金大中總統會談時一樣的健康爽朗。不過在那之後，他的健康又亮起了紅燈。巴黎聖安娜醫院神經外科主任法蘭克斯・克薩維爾・魯受邀為金正日治療，他除了給予北韓醫療團隊建議，也決定了診療方向。法蘭克斯醫生在平壤停留十天左右，等到金正日恢復意識以後，便立即返國。他以往也曾數度造訪平壤，根據他的說法，金正日所處的病房裡，有兩名子女常伴左右，一個是當時二十四歲的金正恩，另一

個則是二十歲、金正恩的同母妹妹金與正。

　　金正日恢復意識以後，便不定時召開家族會議，討論繼承相關事宜，不過當時討論的對象是其胞妹金敬姬與妹夫張成澤，而金正恩則是在二〇〇八年底的黨中央組織指導部會議中，才被正式決定繼承北韓領導權力。二〇〇九年，金正日召開地方視察會議的次數比往年倍增，雖然那時已無法隱藏憔悴的模樣，但他還是憑藉著旺盛的活動力，平息了健康惡化之說。

　　金正日晚年只關心一件事，那就是在去世之前，必須穩固金正恩的統治。二〇〇九年開始，金正日便經常透過勞動黨組織指導部召集人民軍與祕密警察國家安保委，以及人民保安省❶等部隊，並指示他們舉行忠誠服從繼承人的宣誓大會。之後，金正日的健康急遽惡化，金正恩接管了負責監督軍隊的人民軍總政治局、國家安全保衛部、人民保安省的匯報。向來忠誠於金正日的軍方相關組織其權力移轉，看似一帆風順，但唯獨經濟不僅沒有明顯改善，反而還更加惡化。

金正恩 (당시 나이 28세)
북한 노동당 위원장

二〇一一年，金正恩登上北韓最高統治者的位置。

二〇一一年十二月十七日，金正日未竟其宣示強盛大國之事業，就此撒手人寰，他未完成的夢想因此原封不動地移交到金正恩的手上，同時也完成了社會主義國家前所未見的三代世襲。

　　從金正日健康的惡化，到金正恩登上最高權力者大位的期間，不過只有短短三年。金正恩可說是在各種時間條件的壓縮之下，繼承了北韓的統治權。就算北韓是個強大政權世襲國家，這樣的繼承期間仍舊太過短暫。金正日本人生前一定也很擔心自己過世以後，將產生許多棘手問題，所以他才會這麼急著建立兒子的攝政團隊——也就是當代北韓的最高核心人物。

金正恩掌權的前與後，究竟有何不同？

　　金正恩的攝政團隊究竟是由哪些人所組成的呢？他們至今仍舊在輔佐金正恩嗎？若非如此，那麼是否有其他人取而代之？這七年來權力構造已經有所變化，而我們必須了解這些權力遞嬗，才能了解金正恩內心所向、心願為何，以及從哪裡獲得力量等決定性的線索。

　　北韓並未正式發表其掌權階級，因此北韓的組織結構與內部情報皆彷彿蒙上了一層紗，外界難以窺知真相。所以在試圖解析北韓掌權階級與權力結構時，參與「實地指導」的次數、公開活動中被點名到的順序等，就成了判斷的重要基準。

　　「誰能撼動北韓」製作小組將金正恩掌權的這七年，畫分了幾個重要時期，並嘗試分析其權力流向，我們是南韓第一個建立資料庫

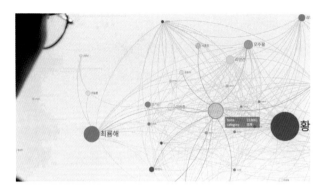

社會網絡分析
此方法以以權力階層間彼此的依存關係為基礎，來分析人事上與
階層上的網絡分布。

並用以分析北韓權力階級的團隊，且透過社會網路統計來檢閱北韓
高層人士間相互的連結關係。

　為了導出正確的結果，我們除了調查曾被「勞動新聞」與朝鮮中
央電視臺報導過的金正恩實地指導時的全數隨行人員，同時也採集
了情報機關的內部資料，以及統一部、韓國銀行等有關機構所調查
的資料來進行分析。

　我們針對金正恩掌權後的二○一二年一月開始，到同年的七月為
止，一共六個月的期間進行調查與研究，才完成了平壤權力菁英們
的社會網絡分析。分析結果讓我們甚感驚訝，因為結果與現在金正
恩政權截然不同。究竟這段期間，金正恩的身邊發生了什麼事？

　為了更具體地分析北韓情況，我們邀集了研究南北韓關係的一流
專家們，包括前國家情報院第一次長羅鍾一、前國家情報院對北情

報官郭吉燮、前國防部軍備統制次長文相均、前統一部南北韓會談常務代表尹美良、國家安保戰略研究院首席趙成烈、前朝鮮人民軍高階將校張光日（假名）、前朝鮮勞動黨平壤市黨高階幹部李忠赫（假名）等七名。

在金正恩掌權初期，分布在他身邊的多是父親金正日為他安排的人馬，包括曾經為金正日移靈的「抬棺七人組」，他們位居黨部與軍方的要職，也在上一代時立下汗馬功勞，具有強大的象徵性。這些功臣為金正恩的超高速世襲起了不少作用。

研究南北韓關係的專家們齊聚在首爾。

抬棺七人組（當時分列在運送金正日遺體之靈柩車兩旁的七位護衛）
張成澤、金己男、崔泰福、李英浩、金永春、金正閣、禹東測。

　　金正日過世以後，金正恩的政權組織便由輔政團隊來打理，這些人自然擁有當代北韓的最高實權。

　　在這群最高實權階層中，包括了國防委員會副委員長張成澤、朝鮮人民軍總參謀長李英浩、朝鮮人民軍元帥金永春、朝鮮人民軍次帥金正閣⑱、宣傳鼓動部部長金己男⑲、國家安全保衛部第一部部長禹東測。

　　金正日是如何安排輔佐兒子的攝政團隊的？基本上，北韓十分強調金日成的抗日游擊隊正統性，所以如何管控軍方自然就成了重要的一環。早期金正日最花心思的也是軍隊的管控。實際上負責移靈的抬棺七人組中，李英浩、金永春、金正閣、禹東測等四人便出自軍方，如此既能使金正日獲得軍方的全面支持，同時又能讓彼此互相牽制。

　　金正日過世後，金正恩雖然登上北韓的最高統治者大位，但他

在金正恩掌權初期的前六個月，可視為金正恩和攝政團隊的共同統治期。

卻不算擁有了實權，而是得與攝政團隊一起統治北韓。初期的前半年，可視為金正恩和攝政團隊的共同統治期。之後，金正恩在二〇一一年十二月三十日被推舉為最高司令官，並以戰時體制來管理整個北韓；到了二〇一二年四月，又透過黨代表會與最高人民會議成為勞動黨第一祕書、國防委員會第一委員長，自此，金正恩不只修訂了黨規與憲法，也完成了唯一領導體制。

李英浩與張成澤的被肅清代表什麼？

我們認為當時權勢強大的抬棺七人組中，除了曾一度消失，但最近又出現眾人面前的張成澤之外，已沒有人留在金正恩的身邊。

金正恩與攝政團隊的蜜月期一結束，便開始進行大規模的肅清，將身邊的勢力換成自己親信。在強化自我勢力的過程中，攝政團隊

成為了金正恩的眼中釘。雖然攝政團隊曾經成功幫助金正恩掌控政權，但有朝一日，他們也可能成為威脅。

最先被肅清者，就是當初在金正日移靈時，站在靈柩車旁的朝鮮人民軍參謀總長李英浩。李英浩在金正恩體制上路後的短短七個月內，就慘遭肅清，而他被肅清的代表意義為何？讓我們看看前國家情報院對北情報官郭吉燮，與國家安保戰略研究院首席趙成烈是怎麼說的。

郭吉燮
前國家情報院對北情報官

「李英浩以現在的湯匙階級論[20]來說，就是所謂的泥湯匙。他出身純粹的野戰部隊，雖然努力出人頭地，但究其背景，沒有強大靠山；加上他在金正恩就讀金日成軍事綜合大學時，是教授砲兵學的老師，這讓金正恩認為應率先除掉李英浩，顯示自己並非只是遵循父親意思的魁儡，而具有自我意志。」

趙成烈
國家安保戰略研究院首席

「金正恩掌政後，開始剷除李英浩及玄永哲等軍方實權人士，並讓黨中央人士擔任軍方要職。基本上，社會主義國家是由黨來進行支配，金正恩的作為顯示出他正試圖恢復社會主義一黨專政的體制。」

金正恩下令肅清格外獲得金正日信任的軍方最高實權者李英浩，並一個個把父親的人馬趕出自己的身邊。那麼在李英浩被肅清以後，又是誰上位呢？空下的位置便是由姑丈張成澤的家族與其親信填補。

　　此時雖是張成澤的全盛期，但並不長久。金正恩作為最高掌權者，毫無阻礙地展現其權力。二〇一三年十二月，同時身為金正恩的姑丈與「北韓第二號人物」的張成澤，在國家安全保衛部特別軍事審判的判決之下，被公開處刑。

　　二〇〇八年，當金正日因腦瘤病倒時，張成澤夫婦在金正日無法露面的那十五天，出色地完成危機管理；並且在金正日病逝後，以過往的政治經驗輔佐金正恩掌權。而李英浩被肅清，權力核心自然集中在張成澤身上，所以他被處刑一事，是北韓的重大事件。不過張成澤的肅清，又有其他內幕，對此前國家情報院第一次長羅鍾一也抱持著同樣的疑問。

張成澤被處刑，對北韓亦是相當具有衝擊性。

羅鍾一
前國家情報院第一次長

「肅清張成澤與其他的肅清行動不同。一般而言,肅清只針對一人,然而張成澤的肅清卻連帶包括了勞動黨中央行政部第一部副部長李龍河,以及前人民軍將軍張秀吉等人。」

由於張成澤是北韓最高權勢第二人,因此他的肅清可說是北韓權力移轉之象徵。那麼,金正恩在剷除掉核心中的核心、位居高位的姑丈時,究竟想要獲得什麼?

關於這一點,前統一部南北韓會談常務代表尹美良及前朝鮮勞動黨平壤市黨高階幹部李忠赫(假名),分別給了我們這樣的答案:

尹美良
前統一部南北韓會談常務代表

「必須一次肅清多人而非一人,正是不得不處理張成澤的理由。這些被肅清的人物,都是張成澤的親信,各自掌握了行政與財政命脈。我們若是以社會主義國家的視角去看,不容易看清北韓;但確切來說,現在的北韓是王權國家,正因為是王權國家的關係,一旦君王正式即位,位高權重如張成澤也必須俯首稱臣。顯然張成澤在這方面的反應有些遲緩。」

李忠赫（假名）
前朝鮮勞動黨平壤市黨高階幹部

「從南韓的角度與北韓的角度看張成澤是有很大的差異的。當時，張成澤手上握有司法與檢察兩權，但最後卻在特別審判之下遭到逮捕，這正是金正恩展示『司法檢察奈我何』的最佳範本。」

肅清張成澤成了金正恩政權的最大分歧點。金正恩敢肅清在父親掌政時期最具代表性的兩位功臣，使他在短短兩年內，就成了名符其實的北韓最高領導人。此時，權力核心也開始從原本的攝政大臣轉移到其他人身上。

在肅清張成澤前後，北韓權力結構所產生的變化，透過社會網絡來看更是明顯。根據我們的分析結果，可以得知軍方高層的要角，從第一人到第四人已全數更替。

需要特別注意的一點則是在政治、社會、經濟等各項領域中，軍方出身的人物大幅減少，取而代之的是黨高層官僚。這除了顯示出新舊勢力的更迭，同時也對外宣示金正日的時代已經過去，如今是金正恩的時代。

金正日的時代正好是全世界社會主義體制崩潰、北韓面臨經濟之苦的時代，金正日為了維持政權，採取的是先軍政治㉑，如此雖然能靠軍方維持黨的影響力，但也導致軍方人士占據了主要權力。

張成澤肅清前後的北韓軍事結構。

然而金正恩以李英浩作為起始，大舉剷除軍方權勢，並配置主要黨員擔任軍方要職，走的卻是恢復社會主義黨政國家之路。雖然金正恩沒有撤掉先軍政治這個政治標語，但實質上已開始大舉培植自己的親信，替換舊有勢力。因此，北韓的權勢移轉可謂重大的政治事件。

二〇一八年北韓的權力領導階層

二〇一七年十月七日，北韓勞動黨第七屆黨中央委員會召開第二次全員會議，大幅地撤換權力菁英。觀察這次權勢版圖的變化，可看出其主要特徵：

第一，重建權力不容分歧的唯一領導體制。對於可能挑戰唯一領導體制的潛在人事與組織，全數予以封鎖，尤以強化牽制軍方為

甚。除了肅清李英浩、張成澤等人，更汰換六名人民武力省幹部，以及五名參謀總長。

金正恩將長久以來負責公安統治的安全保衛部部長金元弘降職與解任，同時又下令處刑多名保衛部的高階幹部，在在顯示出他亟欲剷除可能的威脅。其中在金正恩時代作為其親信的三池淵八人組㉒一員的金元弘，竟也慘遭解任與肅清，在這過程當中，不難看出金正恩想牽制握有權勢者。

在崔龍海的主導下，組織指導部對人民軍總政治局執行二十年以來的最大規模審查，並有傳言將對出身組織指導部第一部部長、現任總政治局長，弄權囂張的黃炳誓進行懲處，以及對自從解除保衛部職務後，被降職貶為總政治局副局長的金元弘進行處罰與汰換，這些都是金正恩對權力預防不容疏漏的證據。

第二，重建唯一指導體制，重新打造黨的地位。金正恩繼任後，改編可能對唯一指導體制產生重大影響的人事與組織，此決定對於黨大會與黨代表大會、黨中央委員會全體會議、政治體制的架構皆發揮莫大的影響力。為了有效控管唯一指導體制，金正恩與組織指導部必須相互依存，換句話說，當金正恩的權力寡占越被強化，那麼組織指導部的權力也會增強，兩者間將成為互相依存的關係。

因此，組織指導部主要幹部的官階升降也會顯得格為重要。例如組織指導部新舊世代的代表人物金慶玉與趙勇元，在如此頻繁的肅清與汰換危機之中，始終坐穩位置，保有一席之地。而和趙連俊、趙永元同為組織指導部的中樞勢力、同時也是金正恩培植的「祕密掌權三人組」一員的朴泰成也是如此，他一路從平南道黨委員長開

始爬起，經過勞動黨第七屆第二次全體會議決議，升遷為政治局委員，並回歸中央黨員。

第三，重新編排權力菁英，以鞏固金正恩的唯一指導體制。金正恩將元老們一一肅清，像是抬棺七人組的國防委員會副委員長張成澤、總參謀長李英浩、人民武力部長金永春、總政治局第一部局長金正閣、安全保衛部第一部部長禹東測、宣傳鼓動部長金己男、最高人民會議議長崔泰福等人，絕大部分都被處理掉了。不過，金正閣日後將再次回歸總政治局長的職務。

除此之外，包括人民武力部長玄永哲、內閣副總理金勇進與崔永健、總參謀部作戰局長卞仁善等一百四十多名高階幹部，也被推測都已處決完畢。這樣的手段，我們可從金正男暗殺事件中察覺出類似的脈絡，因為金正男作為長子有血統上的正統性，對金正恩將產生極大的威脅。

就算躲得過肅清的無情刀刃，但對倖存者而言，未來依舊是一片苦難，若不是飽受頻繁的人事更替之苦，就得面臨無法預估的職務調動、垂直升遷或往下降、監視與規範如日常，以及國內流放與革命再教育等各種磨難。唯有在這無止盡的起伏坎坷中證明自己的服從與忠誠，才能保住小命，並重新站上舞臺。

目前看來，最能適應金正恩時代的人物就是崔龍海。

過去在二〇一四年曾落馬並被迫接受革命化教育的崔龍海，以第七屆第二次全體會議為起點，成功展開其政治實力，不只被任命為黨中央軍事委員、黨中央委員會部長，同時還涉足黨副委員長、國務委員會副委員長、政治局常務委員、黨部長、黨中央軍事委員、

最高人民會議大議員等所有北韓主要權力機關，成為名符其實的權勢第二人。

挖掘新世代與身邊人才，或破格重用直系親屬，是廣為人知的強化體制方法，這些不得不受到周圍人士牽制的權力階層，必須要以堅毅的忠誠心和金正恩維持關係，才是唯一的生存之道。

在勞動黨第七屆第二次全體會議之中，新進勢力的抬頭尤其受到矚目。其中又以兼任黨中央委副委員長、政治局委員、專科部長（推測應為宣傳鼓動部長）等職位的朴廣浩最具代表性。考慮到金正恩的妹妹金與正擔任宣傳鼓動部副部長一職，能夠與她在相同部門擔任部長的朴廣浩，其破格升遷顯然受金與正幫不少忙。此外，鄭京澤與張吉星也在這波竄起的勢力當中。鄭京澤在政治局候補委員與軍事委員各取得一席之地，取代金元弘，爬到保衛部部長的位置，而張吉星則是被任命為軍事委員及偵查總局長。

不只如此，負責核武與飛彈開發之軍需工業部第一部部長李秉喆，被拔擢成為黨軍事委員，還有金正植、洪勝武、洪英哲等人，都被任命為同一部門的副部長，至於核武研究所長李洪爕等開發有功者，也都獲得重用。而面對國際社會，負責本國外交政策的李勇虎外交部部長，更是升職成為政治局的委員。上述這些金正恩的左右手們，往後將會為北韓帶來什麼樣的新氣象，值得注目。

03
強調實務與效率的年輕政治

科技專家的崛起

二○一六年，在相隔三十六年以來再度舉行的第七屆勞動黨全黨大會上，出現了幾張新面孔。不管是軍事，還是經濟、政治方面，都颳起了一道全新風氣，但這些年紀輕輕就走上實務的科技專家❷的崛起，也是早在好幾年前就能預測到的光景。

若說金日成以其強大的領袖氣質作為基礎，將國政目標訂立為政治思想強國；那麼金正日則是指向軍事強國；而金正恩選擇的道路則是以穩定人民生活為優先的經濟強國。金正恩在二○一三年三月三十日黨中央委員全體會議中初次公開其聲音，並講述經濟改善與提升人民生活的目標，誓言要讓北韓居民不再勒緊褲帶過日子。不知是否因為如此，對金正恩來說，儘管政治專家與軍事專家都很重

要，但為了解決經濟問題，仍有必要發掘實務上的相關人才。他提拔在經濟實務上表現受到認可的官員，並重用能夠貫徹自己目標的技術專家，可說是政治上的必然傾向。

被肯定的技術專家們：

羅鍾一
前國家情報院第一次長

「最新被提拔上來的人物中，以吳秀容、韓光相、馬元春等人最受注目。這表示實務表現強大者，已躍上舞臺。」

張光日（假名）
前朝鮮人民軍高階將校

「在短時間內所完成的權力繼承，以及建構唯一領導體制的過程中，被認為最重要的部分就是金正恩時代的政策藍圖。建設經濟強國、科學強國等目標一一浮現，而在這樣的過程中，曾在經濟實務表現亮眼的官員們，將會被大舉提拔。」

李忠赫（假名）
前朝鮮勞動黨平壤市黨高階幹部

「看到馬元春，就能得知金正恩相當重視實務主義者。要知道，馬元春過去也曾犯過幾次錯誤，現在卻依舊健在。」

馬元春有個特長，不管是何種建築，只要看過一眼，就能分析成本造價並加以計算。過去金正恩曾詢問馬元春，「如果要蓋馬場，

需要使用多少面積的土地？」馬元春當場便計算完畢給予答覆。據說馬元春計算出來的結果準確度高達百分之九十以上，所以金正恩特別重視馬元春。儘管他曾經犯過幾次重大過錯，也曾飽受批判而被取代，但憑藉此優勢迄今依舊健在。

在提拔自己所需人才時，講求實用性與效率的金正恩，用人唯才是不分年齡的。他不光只是提拔人才，只要對方有能，哪怕年紀再大，他也會予以重用。以太鐘洙為例，雖然已高齡八十一歲，但仍作為重化學專家受到金正恩的拔擢。

重視科學技術的路線

關於金正恩所強調的實用性與效率，還有一點能加以觀察，也就是金正恩特別重視科學技術，原因就在於北韓的科技與朝鮮半島的和平、甚至是世界和平皆息息相關。由於北韓以核武作為展示力量的手段，外界一直持續擔憂北韓核能相關議題，各國媒體更批評金正恩是「暴走的神經病」。那麼，金正恩真如外界所評價那般，不過就是個暴走的瘋子嗎？

在金正恩掌權以後，他對科學家展開優惠政策以及強大金援，其中又以原子彈科學專家所受到的待遇最佳，有許多技術科學專家就居住在平壤的未來科學者大道上。過去六年間，北韓一共舉行過四次核武試驗，並發射過五十多次飛彈，足見北韓的核武開發已接近完成階段，這一切都和那些技術科學專家脫離不了關係。金正日掌

金正恩對於核武試驗與飛彈發射向來不吝投注心力。

權的十八年間，不過才發射飛彈二十幾次，但進入金正恩時代後，飛彈試射次數卻遠遠超越前代；看的出來，金正恩對於核武投注了莫大心力與投資。那麼，金正恩究竟想從這過程中獲得什麼？

文相均
前國防部軍備統制次長

「北韓居民能因此擁有自信心，對金正恩也會產生崇敬與景仰。這可看作金正恩穩固自己政權的一種手法。」

經濟與科學、政治領域的實務人才，對於金正恩穩定政權發揮了

相當大的作用，往後這些人才也會在金正恩的藍圖中扮演重要角色。那麼該如何挖掘出這類人才，又該如何培養呢？我們從北韓的教育政策中，找到了解答。

04
改革教育，培養人才

北韓的教育制度

　　無論是理念或者實質內容，各時期的北韓教育皆經歷了不同的轉變。從解放到一九六〇年為止，北韓實行的是以馬克斯列寧主義為基礎的蘇聯式教育制度。而當金日成成為唯一的支配者後，先於一九六一至一九六七年間，實施七年制的義務教育，其教育理念著眼於宣導金日成主義；到了一九六七至一九七四年，則開始實施九年制技術義務教育，旨在跟隨主體思想，強調北韓的獨立性；而一九七五年以後，則進入十一年制的義務教育時期，完成從幼兒教育到高等教育，全盤皆採用以金日成主義為基礎的教育體制。

　　在談論北韓教育時，需要以一九七七年所發布的金日成社會主義教育方針為重點，這是因為當時北韓政府規定要以教育來培養共產

主義與文化教養的人才，這一決議也決定了北韓教育的基本方向。

北韓憲法第四十三條清楚揭示了北韓的教育理念，明言國家需實施社會主義，並教育後代，使後代成為為了社會與人民而鬥爭的堅強革命家，並培養保有智、德、體等社會主義的新人類。所謂「社會主義的新人類」，指的是北朝鮮人民的革命化、勞動階級化、共產主義化，並同時培養成符合北韓社會需求的人才。歸納上述原則，教育的最終目標就成了培養「主體型共產主義者」。而所謂「主體型共產主義者」，是「更重視社會政治生命的自主型人才」，指的是「在黨與首領的領導之下，藉由革命道義與同志愛團結在一起，並且不惜犧牲自己，為了完成實踐人民大眾自主性之偉業而鬥爭」的人才。

二〇一二年，金正恩時代教育政策，儘管繼承了二〇〇〇年以後的北韓政策，但同時也跟金正日時代差異甚多。一九九〇年代，為了克服因經濟困頓而產生的公共教育，標榜「從教育中發掘實用主義」，並強調教育的專門性與效率。而依據二〇一三年發行的「教員宣傳手冊」裡所刊載的文章顯示，要從教育中體現實用主義，有三大要素：

第一，在符合國家具體現實與科學技術發展趨勢之下，須盡可能提升教育的效率，並以此方向改善教育體制、教育內容及方法。

第二，教育事業須以實力本位進行之。

第三，教育事業須科學化與情報化，以促使合乎發展需求。

這代表什麼呢？首先，從強化教育的效率與競爭力來看，與過往大致相同。不過若進一步檢視各要點的具體說明時，又能發現與以往的不同之處。舉例來說，論及教育效率時，不忘擺脫以知識傳授為主的舊式教育，並強調須改轉換成「教導學生自發性的探究知識，同時傳授學生能夠自主進行研究的能力，使他們懂得解決問題」。

金正恩時代的教育政策可透過金正恩發表談話、相關報章刊物的論點，以及具體的教育政策窺知一二。

金正恩於二〇一四年四月六日發表的談話，就曾提及下列內容：

「國家必須增加對教育事業的投資，以實踐教育的現代化，同時提升中等教育之水準、強化大學教育，培養出更多能夠肩負社會主義強盛大國建設之責，並凌駕世界水準的科學技術人才。」

這些內容不單是被具體提出，還被列入包含學制改訂的教育政策。

二〇一四年九月五日，當局發表了談話，文中正式提出教育政策的方向，這也是全國教育工作人員大會在相隔十年以後再次舉行時所發表的內容。在這份談話內容中，明定實現全民科學技術人才化，以推動國家成為二十一世紀社會主義教育強國為目標，並且強調要以教育制度為根本進行改善，培育出符合知識經濟時代的實務型人才。

創造型及實務型人才的養成

金正恩有關教育的談話內容中,首先就強調了新世紀的人才類型為創造型及實務型。從二○○○年代開始,北韓主張知識學習必須透過提升思考力、智力、知識探究方法,才能培養具高度創造力的人才,配合資訊產業時代各種需求。也因此,當代除被稱為資訊產業時代,又被稱作知識經濟時代,而透過教育養成創造力、自我引導學習能力、研究能力與知識活用能力的重要性,也一再被重申。

根據二○一二年北韓發行的高等教育六號文,知識經濟時代所要求的創造型人才「不只是重現所學之知識,而是懂得將累積的知識作為基礎,靈活運用於發明、創造新物品」。

為了在學習過程中提高學生的參與度,施教方法與教科書的編纂體制也已改善。

在金正恩掌權以後,首先改革的就是學制。北韓在最高人民會議第十二期第六次的會議當中,明訂了教育制度的調整,將過去十一年間的義務教育期間延長一年,改訂為十二年,同時也修改了相關法令。

由於事關修改一九七五年開始的義務教育制度,茲事體大,當局特地為此召開最高人民會議修法通過,同時在公告新教育制度的法令序文中,重申教育事業是關係國家興亡與民族未來的根本。最後,新教育制度更改為不同的教育期間:小學入學前一年、小學五年、初級暨中級中學則是各三年。

二○一二年的學制改革,其意圖涵蓋了政治上的形象傳遞與教

北韓實施十二年免費的義務教育。

育正常化兩項目標。前者用意，在於讓形象為關心教育及兒童的金日成與金正恩的形象產生連結，營造出兩人的一致性；同時也利用政治手法取代經濟措施，來穩定人民生活。北韓在解放後，直到一九六〇年為止，一直都將義務教育之擴大視為金日成的主要功績，到了一九七〇年之後，則是將義務教育擴大及教育改革視為金日成與金正日的共同偉業，金正恩導入十二年制的義務教育制度，顯然是有意建立起延續傳統的形象，同時藉此獲取北韓人民們的支持。

　　第二點則是意欲以初等教育期間之延長，將目前低落的教育水準往上提升，同時區分出初期中等教育和後期中等教育，以提高學習效果。在學制改訂以後，「朝鮮新報」❷就曾針對北韓教育的變化，以中等教育之強化來提高學生基礎學力為主進行大篇幅報導。

進入二〇〇〇年代以後，小學學程新加入「英語」、「電腦」等科目，結果成了增加學習壓力的理由之一。這幾個新設科目都是順應時代要求的重要科目，尤其在銜接高等教育與生產現場的後期中等教育階段，更是備受重視。

　　幼稚園學程基本上為二年期，並區分為低階班與高階班。在一九七二年九月以後，每一位滿五歲的幼童都能接受高階班一年的義務教育，至於在就讀幼稚園前的階段，則是集中由托兒所來照護，因此人人都從小就熟悉團體生活，並透過思想教育被植入社會主義的思想基礎。一九九五年中期以後，當局認為每個學童必須從小就接受黨的教育，對此頒布了子女教育指導方針，強化幼兒的思想教育。

　　作為初等教育機關的小學，其就學年齡為滿六歲之兒童，行政委員會會針對學齡兒童進行普查，並發送入學通知書，也因為初等教育起即實施義務教育之故，若不把學齡兒童送往學校，將會受到法律懲處，因此小學的就學率超過百分之九十八。

　　至於授課科目方面，國語學科的授課內容為金日成的偶像化、革命傳統與革命精神涵養、對黨與祖國之忠誠、激發反美情緒及鼓吹鬥爭意識、鼓吹反日思想、鼓吹社會主義與愛國主義、宣戰等內容；數學部分，一年級開始教授認識一到一百的數字、看懂時鐘、認識一到一百公尺的路長，此時的教學宗旨是以計算為主的實用數學教育優於數學理論，且計算問題的題型皆引用自政治、經濟與軍事，這點實為相當重要的特徵，此外，北韓的數學用語中，使用了許多不同的南韓用語，也是特點之一。

中等教育機關方面，隨時代之不同，各有相異與變化之處，現今的中等教育機關是中學。一九五八年，當局訂定之中學義務教育，一共為期七年，分為初級中學四年、高級中學二年，但到了一九六〇年，為了更深入加強技術教育，新設二年制的技術學校與高等技術學校。一九六七年，學制再度面臨改編，此時當局取消初級中學，改制為五年制的中學，而原本的技術學校也被廢止，轉變為五年制的高等技術學校，此後便一路沿襲著五年中學與二年高校的制度到一九八〇年為止。一九八〇年學制再逢改制，轉變為中等班三年、高等班三年，一共六年制的高等中學。到了二〇〇二年九月，此時隨著學期制的實施，學校名稱再度更改為中學，並延續至今。

一九四六年，金日成綜合大學成立以後，接著又設立了咸興醫科大學、興南工業大學、海州教員大學等，直到六月二十五日韓戰前，全國保有十五所大學。到了一九五六年，大學擴增至十九所，一九六〇年八月，黨擴大全員會議上頒布了大學設立令，新設五十四所工廠大學。爾後，從一九七〇年代開始，每年增加十所大學，到了一九八九年時，全國一共成立了兩百七十多所大學。

金日成綜合大學為北韓最高學府，堅守黨的唯一思想體制，並強化階級意識，唯有忠實地為黨、為革命奉獻，才能具備入學資格。

北韓的大學並非單純為了學術研究而設立，黨的政策對教程有莫大影響，甚至明訂大學不得違背黨的政策。此外，大學生的日程與軍隊相去無幾，幾乎沒有個人生活的餘裕，所有行動都必須依照集團主義進行，過著徹底的團體生活。學生們從早上八點開始，就要先進行三十分鐘的讀報會㉕，主要內容為政治思想教育，談論議

金日成綜合大學。

題多為讚揚金日成與金正日、鼓吹革命性、積極性、人民性。北韓大學生們有百分之九十以上都過著宿舍生活，宿舍的每一層樓都有一名總長，負責挑選黨性優者與黨性劣者、成績優秀者與成績低劣者，然後混合配置房間，每間房為四至六名學生。

軍事活動也是學生們不可避免的一項歷程。金日成綜合大學裡，有五十多名軍事講座教官，學生每年都要接受二百八十小時的軍事理論課程與履行軍事技術科目，且每學期末也得接受十天的野外軍事訓練，在畢業之前，更需要接受為期一個月的槍枝使用訓練。

英語成為必修科目

金正恩對於教育表現得格外關心，在他十幾歲的青少年時期，

曾留學瑞士日內瓦國際學校，當時的留學經驗帶給金正恩很大的影響，促使他積極發掘並重用年輕人才。金正恩的目標乃經濟強國與科學技術強國，其實也就是人才強國，那麼他是如何貫徹意志，透過教育革命來建設人才強國呢？

製作小組取得了一段平壤學校內教學景象的影片，內容很有意思，因為從影片裡我們可看出學生們正努力學習英文，而學生們一週要接受兩小時的英語教育課程，培養讀與說的能力。

努力學習的不只是學生。能成為英語教師者，基本上需要具有海外留學的經驗，為了提升學生們的英語實力，所有教師也必須通過嚴格的審查與選拔。不知從何時開始，英語已成了北韓的必修科目，國家也不吝惜在教育上投注資源，只要一有需求，就會給予全力的支援。考慮到過去菁英階層的第一外語是俄語，不難發現金正恩主導下的教育政策走的是順應時勢潮流的實用路線。

既然如此，那麼其他外語教育又是如何呢？北韓的教育政策中，亦涵蓋了中文，這是因為中文是北韓對外政策中經常使用的重要外語。在國家的獎勵之下，如今學習中文的風潮也較以往為盛。

事實上，英語教育並非始於金正恩時代，從一九七〇年以後開始，小學的學習課程中便已出現英語學科，大學亦然，第一外語為英語，第二外語可自由選擇中文或日語、俄語等不同語言。雖然外國語大學為了培養其專業性，相關學術研究範疇較其他學校更加深入，但金日成綜合大學或其他商業大學、輕工大學等，第二外語則非必修，只列為選修科目。無論如何，英語學習熱潮確實更勝以往。

那麼，金正恩為何對英語教育投入如此大的心力呢？其實一九九九

正在學習英文的平壤某學校風景。

年代的北韓，正是面臨所謂「苦難行軍」㉖的時代，也是在那時轉為低生育率的國家；根據預估，大約再過二十年，北韓將會進入勞動力不足的狀況。

然而往後將不再以便宜勞動力為優勢，而是改為培養高產值人才當作主力的知識經濟時代，所以人才教育的必要性成為非常重要的一環。北韓當局認為必須強化英語教育，以跨入知識經濟時代。

透過這一連串過程，我們不難揣測出金正恩的想法。他不惜喊出非核化宣言，也要讓自己的國家成為經濟強國，為了達成這個目標，就必須先從社會底層開始圖謀變化。在得到這樣的結論之前，他又經過了怎樣的思考歷程呢？決心和父親金正日走上不同路線的金正恩，似乎是從我們意想不到的「某個人」上尋得這個答案。

05
金正恩夢想中的
經濟強國藍圖

金正恩前往白頭山的理由

二〇〇七年十二月八日，金正恩首度前往白頭山。之後他又分別在二〇一三年十二月——張成澤處刑之前——以及二〇一四年十一月服滿金正日三年之喪前再度造訪白頭山，一共前往三次。從這三次的動作看來，金正恩總是在下重大決定之前視察白頭山，究竟白頭山對金正恩而言，具有什麼意義呢？

金正恩委員長的統治風格向來被認為與金日成相似，或許我們可以說這是因為他的統治基礎有很大部分是倚靠爺爺金日成之故。首先，兩人光是外貌就有幾分神似，從過往照片來看，在金正恩掌權的第一年——也就是身材變肥大前，他的樣貌和金日成在一九四五年於平壤市民大會發表歡迎蘇聯軍的演說時，甚至是金日成在抗日

游擊隊活躍時期十分相似，部分人士甚至認為金正恩為了和金日成看起來更加相像，祕密進行了整形手術。

我們採訪較為高齡的脫北者時，從言談裡，可以發現他們十分尊敬金日成，雖然後來選擇逃離北韓，但對金日成的尊敬卻未曾改變。先不論金日成透過武裝獨立鬥爭解放民族與否，北韓居民皆認可金日成掌權的正當性。

金日成能夠掌握北韓居民人心的要素還有另外一點，那就是土地改革。由於他在戰前便神速地進行土地改革，並分發土地給小農與貧民，使得許多農民皆心向金日成。在經歷殘酷的韓戰之後，北韓政權之所以依舊屹立不搖的原因除了中國共產黨軍隊的介入外，另一方面就是當時透過土地改革而深獲農民愛戴。

再加上韓戰以後，一九五〇到一九六〇年代間，北韓的經濟成長高達近百分之二十左右，放眼全世界，如此高的經濟成長率亦屬稀有。

在一九七二年前為止，北韓的經濟遠比南韓繁榮，所以許多北韓居民仍認為一九七〇年代是他們國家的全盛期或黃金期，對金日成的印象，是讓自己過上樂利安康生活，同時又讓民族成功獨立的領導人，只有崇敬之心。在這樣的狀況下，整體社會對金日成的緬懷仍在，而且許多人民都希望能回到當時，金正恩對這點沒有不清楚的道理，因此與其讓人民回憶起經歷經濟困境時期的金正日時代，還不如讓人民回想起金日成的時代。

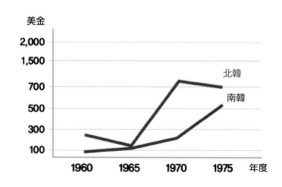

美金

| 2,000 |
| 1,500 |
| 北韓 |
| 700 | 南韓 |
| 500 |
| 300 |
| 100 |

1960　　1965　　1970　　1975　年度

一九七〇年代南韓與北韓間的每單一位國民總生產額比較（資料：統計廳）

　　不過，現今這個時代和過往的金日成時代有顯著的差異。現在的北韓，為了解決眼前的問題，不能只靠模仿。那麼，金正恩的「模仿金日成」究竟得到多大的效果呢？

　　實際上，單論金正恩不停刺激北韓居民，試圖說服他們認為自己就是金日成重生，使北韓人民以領導者為中心團結起來這點而言，可說是相當成功。關於這點，我們來聽聽前國家情報院對北情報官郭吉燮怎麼說。

郭吉燮
前國家情報院對北情報官

　　「金正恩在首次發表的演說中，提到要像金日成時代一樣，不會再讓人民餓肚子。由於此話為金正恩親口所言，所以北韓人民會有

金日成再世的感受。實際上，金正恩在人民心中深植要成為核武強國才能過上好日子的想法，到目前為止，都很成功。」

金正恩第一次在北韓人民面前公開露面，是在二○一○年九月，透過第三次黨代表會議宣告世人自己是金正日之子，同時也是北韓的繼承者；據說當時眾人都視他為金日成在世。

今日金正恩能掌握首領之位並成為北韓最高領導者，除了有體制上的特性與屬性，還有其他諸多理由，而金正恩與生俱來的武器中，最強大的一項便是那和金日成神似的外表，北韓當局也針對這點不斷進行宣傳與煽動，讓人一瞬間便將金日成和金正恩連結在一起，這個效果除了對權力階層產生效果，還擴及一般人民。源自白頭山血脈的正統性，讓金正恩的地位更加鞏固。

以金日成為學習標竿

金正恩不只在形象豎立上以金日成為模仿對象，在掌權過程中，更是以金日成作為標竿。雖然不管是時機或過程、甚至環境要件全都不一樣，但他一步步走來的進程卻與金日成有許多相似。首先，從金日成掌權的一九四六年到一九六七年這段期間，他肅清了延安派、蘇聯派、南勞黨、甲山派等各大派閥，建立起唯一思想，並完成首領體制。

延安派為朝鮮民族主義人民共和國的一個政治集團，於一九五

○年被肅清。延安派的名稱由來與當初和中國國民黨跟一同活動過的臨時政府勢力不同，是以在中國共產黨的根據地延安為中心，參與過共產主義運動並返國的勢力集結而成，主要人物有金科奉、崔昌益、武亭、朴一禹、韓斌、尹公欽、徐輝、方虎山等人。這些人在日據時期於中國發動了抗日鬥爭，並與一九四二年七月在中國山西省太行山組織成立的華北朝鮮獨立同盟一同加入朝鮮義勇軍。一九五○年，韓戰結束以後，延安派在北韓籠罩於社會主義建設路線下，與金日成產生對立，到了一九五六年八月，便因八月宗派事件㉗，絕大部分黨員不是被驅逐，就是慘遭肅清。

蘇聯派與延安派一樣都是朝鮮民族主義人民共和國的一個政治集團，在韓戰與八月宗派事件當時，大部分成員皆遭逢肅清。

南朝鮮勞動黨（南勞黨）始於一九四六年十一月，為朝鮮共產黨、南朝鮮新民黨和朝鮮人民黨合併所成。其首任委員長為呂運亨，副委員長則為朴憲永，後因黨內主導權紛爭，呂運亨退黨；之後與一九四六年八月所組成的北朝鮮勞動黨合併成為朝鮮勞動黨。一九四七年朴憲永返回北韓，參與北韓政權之建立，因而被選為共和國內閣副總理兼任外交部長官；然而到了一九五二年八月，由於被人指稱「密謀顛覆北朝鮮政權，同時身為反國家間諜之恐攻、宣傳煽動事件的背後藏鏡人」，被處以自宅軟禁，爾後在一九五三年三月更因「美國間諜」、「反黨之宗派分子」罪嫌遭到逮捕，並在三年後被判處死刑。

甲山派用這樣的手段鬥垮了南勞黨、蘇聯派、延安派等，並掌握了北韓的政權。他們是日據時期於國內活動的共產主義者集結而成

的組織，而甲山派之名則源自於發動普天堡戰爭❷的咸鏡南道甲山軍。從解放後到一九五〇年代之間，他們與游擊隊和金日成一派為同一思想派系，在金日成的主體思想確立之間，對朝鮮實學等展現出關注。可是由於一九六七年勞動黨第四期第十五次全委員會議當中，甲山派向黨幹部朗讀「牧民心書」，並給予朝鮮實學高度評價，遭受散布資產階級思想與修正思想、封建儒學思想之批評，最後亦慘遭肅清。

將甲山派剷除掉的金日成，隨後便開始進行把自己的生日指定為國家節日等個人偶像化的行動，並動員黃長燁等人將視金日成為唯一的主體思想體制化，訂立接續一黨獨大體制，使其成為一人世襲獨裁體制的基礎架構。而甲山派的消滅，代表牽制一人獨裁的勢力完全消失，同時也強化了金正日的繼承體制。

就像金日成一步步地剷除掉絆腳石那樣，金正恩也有類似的舉動，他首先剷除攝政團隊之勢力，同時施以革命化教育與肅清、降職、復職、復權等多重方法來挑選出自己的親信。

金正恩採取了與祖父金日成的相似舉動。

他在二〇一三年新設立勞動黨委員長的職位，並在建立唯一支配體制的過程中，採取了許多與祖父金日成一致的措施。

另外，在政策方面，我們也能看到金正恩模仿祖父的痕跡。金正恩開始掌權的同時，他標榜採取經濟建設與核武建設的並進路線㉙，這點與金日成過去所走的經濟、國防並進路線極為相似。不過，金正恩不只利用與金日成相似的要點來模仿其形象，更利用這些要點來執掌政權，並且也活用在政策發布時。

金正恩欲倚賴金日成來完全統治北韓之想法，在他的發言中展露無遺。製作小組收集了金正恩在過去七年間所有演說聲音檔，以及以他為名發布的文件，並進行語意網絡㉚分析，將金正恩在新年賀詞與演說、黨大會報告書等經常使用的字彙全數解析所得到的資料，藉此分析往後北韓的動向。

首先，我們把文章的排列與各字彙的連結關係依照差別進行數據化，這樣做的目的並非單純找出使用頻率最高的字彙，而是為了探究金正恩的內心想法。我們檢視金正恩於二十八歲掌權的第一年所說、所寫之字彙，發現當時他最常使用的字彙為偉大、人民、革命、朝鮮勞動黨等，然而這幾個字彙的連結關係分析結果卻令我們感到驚訝。我們分析得到結果為「全盛期」、「強盛復興」、「遺訓」等，這些字彙顯示出金正恩對金日成時代所抱持之懷念。

分析二〇一二年金正恩最常提及之字彙所得到的結果，發現他的
言談間充滿對金日成時代的懷念。

　　在北韓，金日成的領袖氣質是無人可取代的絕對傳說，我們製作
小組為此與俄國及中國一帶的軍事文件保管中心接觸長達一年多，
才終於成功得到與金日成主席相關的極密文件。在我們率先取得的
祕密文件中，上頭標示了鮮明的「八八狙擊旅團所屬　金日成」幾
個大字。八八狙擊旅團是由從中國一路狙擊日軍到蘇聯的游擊隊所
組成之部隊。

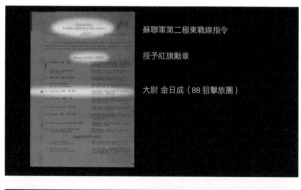

蘇聯軍第二極東戰線指令

授予紅旗勳章

大尉 金日成（88 狙擊旅團）

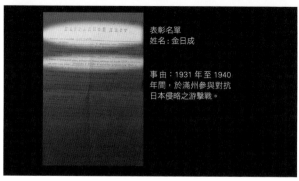

表彰名單
姓名：金日成

事由：1931 年至 1940
年間，於滿州參與對抗
日本侵略之游擊戰。

　　在那份文件上，記載了授予金日成大尉勳章之事由。該文件以
「授予蘇聯軍紅旗勳章」為標題，標記了金日成因於一九三〇年代，
在滿州作為游擊隊活躍有功而獲頒勳章。在金日成主席的滿州抗日
鬥爭中，我們找到北韓政權的正統性，並發現其活躍的主舞臺就在
白頭山，所以自稱白頭山血統，並加以神聖化。此外，我們還取得
了金日成於一九三〇年代抗日武裝鬥爭當時親筆書寫並交給長官的

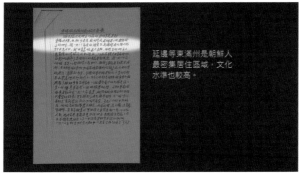

延邊等東滿州是朝鮮人
最密集居住區域，文化
水準也較高。

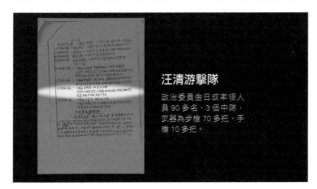

汪清游擊隊

政治委員金日成率領人
員 90 多名，3 個中隊，
武器為步槍 70 多把、手
槍 10 多把。

製作小組所率先取得之金日成於一九三〇年親筆所寫的抗日武裝
鬥爭報告書。

文件。在率先取得的文件中，金日成的簽名就清清楚楚地標示在上頭。

當時他認為朝鮮人密集居住的滿州具有較高的文化水準，判斷滿州是最適合發動抗日戰爭之處。

在文件中，他自介為汪清游擊隊的政治委員，同時並詳細記載了游擊隊成員有九十多名，持有七十多把步槍與十多把手槍。

一個是以抗日武裝鬥爭之經歷所培養出來的強大領袖氣質，號令整個北韓的金日成，另一個是想要模仿祖父領袖氣質的金正恩；我們可以看出金正恩的目標非常明確，就是夢想著回到祖父時代那樣強大、人民不用再餓著肚子的強盛國家。為了實現自己的夢想，金正恩切實地描繪了藍圖，在他掌權的這七年間，也出現了年輕但擅長各種實務的人才從旁輔佐。

我們從人事任用方面，也能看出他想要打造如同過往那般強盛之社會主義國家的渴望。究竟在金正恩夢想的道路上，需的人才是誰？他又為什麼會將那些人納在身邊為親信呢？

⑪—— 編註：臺灣多稱為黃海。

⑫—— 編註：北方界線是韓戰後由美國、英國等十六的國家組成的「聯合國軍」單方面依照《朝鮮停戰協定》所畫定的海上界線，但並沒有獲得北韓的認可。因此七〇年代後，兩韓常於界線附近發生軍事衝突。

⑬—— 編註：本次衝突是北韓的軍船護送漁船至黃海海域捕蟹時，越過北方界線，引發爭議。

⑭—— 編註：也稱第二次延坪海戰，是北韓趁韓國舉辦世界盃之際，對韓國蓄意發動的突然攻擊。攻擊當日正好是二〇〇二年世界盃足球賽的季軍賽。

⑮—— International Atomic Energy Agency。其設立目標為透過和平使用原能，來促進世界和平、保健與繁榮，並抑制原能的軍事濫用，為國聯的獨立機構。

⑯—— 編註：傳統上，當最高領導人過世的三年內，新任繼承人必須依據前任的遺訓來治理國家，稱為「遺訓統治」。

⑰—— 編註：原稱為「社會安全部」，二〇〇〇年四月改稱人民保安省，二〇一〇年又改稱人民保安部。

⑱—— 編註：也有譯為金正角或金正覺。

⑲—— 編註：也有部分新聞譯為金基南。

⑳—— 編註：此為南韓流行的階級論，依照人的出身家世背景，分為「金湯匙」、「銀湯匙」、「銅湯匙」與最低的「泥湯匙」。

㉑—— 先軍政治指的是軍隊乃為國家基本的北韓政治思想。

㉒—— 於二〇一三年，與金正恩一同在三池淵策謀肅清張成澤的八人小組（黃炳瑞、馬元春、金元弘、金養建、韓光相、朴泰成、金秉昊、洪永哲）。

㉓—— technocrat，指的是保有科學知識與專業技術，對社會或組織的決定能造成莫大影響力者。

㉔—— 乃在日朝鮮人總聯合會機關刊物，是日本唯一的北韓新聞。

㉕—— 在眾人面前朗讀新聞等教育資料，並解說政策與時事問題。

㉖—— 此為北韓在歷經國際孤立與各種天災、國家經濟陷入極度困難的一九九〇年代中後期，為了克服困境所喊出來的口號。

㉗—— 一九五六年六到八月，因朝鮮勞動黨中央委員會全員會議中發布的「反黨反革命宗派陰謀策動」事件，而發生的八月肅清事件。

㉘—— 編註：指的是一九三七年六月四日中國東北抗日聯軍越過滿洲國與日治朝鮮的邊境，襲擊日本統治下的甲山郡普天堡的事件。

㉙—— 並進路線：以相似比重發展經濟建設與國防建設之路線。

㉚—— Semantic Networking：在包含了隱藏脈絡的設定下進行語言間關係的測定與分析，並找出其欲傳達的真正想法。

★第二部★
撼動北韓政治的權力菁英

01
忘掉過去的北韓

採行體制政治，而非獨立判斷

二〇一八年，不過是金正恩掌權的第七年，他就已經成功將身邊的勢力撤換成自己的親信。金正恩在勞動黨全員會議舉行後三個月所發表的新年賀詞中，提及了平昌冬季奧運會，同時也派遣了特使團與南北統一隊同行，甚至還舉行了南北韓高峰會談。這所有的一切，就發生在短短的三個月裡，對比過往滯礙難行的南北韓關係，可說是快到讓人暈頭轉向。

可這所有的構想當真出自於金正恩一人嗎？會不會是有幕後的組織或高人為他擬定長期的計畫，並有系統地執行呢？

目前北韓的政策分為三大路線，其中負責北韓內部之對內路線者為勞動黨副委員長崔龍海，負責對中國、俄羅斯、美國等海外之

對外路線者，則是勞動黨中央委員會副委員長李洙墉與外務相李榮浩，至於負責與南韓關係的對南路線，則是祖國和平統一委員長金英哲。

北韓的政策路線

對北路線	勞動黨副委員長	崔龍海
對外路線	勞動黨中央委員會副委員長 外務相	李洙墉 李榮浩
對南路線	祖國和平統一委員長	金英哲

就算北韓採取唯一體制、並在決定重要政策時由金正恩擔任裁決者，但他仍然重用由親信所組成的政策小組。

金正日屬垂直型的領導者，講求由上到下，除了部分專業部門之外，黨政治局等協議體制，實質上並不存在。但金正恩在掌權後，便將所有機能恢復正常化，不管是黨政治局還是政務局、國務委員會、黨中央軍事委員會等機構，皆派任各領域的專家與親信進駐，讓黨的政策決定機能，以及國務委員會和內閣的政策執行機能全部恢復正常。

黨、政、軍系統之整備暨正常化，代表金正恩接受國家機構的輔佐，這意味著金正恩努力防止因獨自判斷可能產生之錯誤。若說金正日是個領袖型的領導者，那麼金正恩可說是個系統型的領導者，只不過目前金正恩仍維持與金正日時代相同的垂直型傳達體制，所以一些水平橫向的意見溝通仍不完善。

需要確實世代交替的理由

二○一七年一○月，在勞動黨中央全員會議之中，金正恩汰換掉不少政治局核心幹部，我們可以將之視為世代交替，同時看作為了實現目標所進行的布陣。儘管如此，七○至九○年代的核心權力菁英仍有部分依舊健在，這也顯示出金正恩仍舊維持從金正日時代就維持下來的老、中、青體制，以維持政權的基礎平衡。那麼，金正恩究竟完成了多少程度的世代交替？

文相均
前國防部軍備統制次長

「據說當時政治局有百分之二十六、政務局黨中央委員會副委員長們有百分之四十四、專業部門的部長們有百分之三十六，以及黨中央軍事委員會委員們有百分之三十六被汰換掉，這也就代表了核心職位有百分之三十到四十被替換掉，明顯看出世代交替正積極進行中。」

趙成烈
國家安保戰略研究院首席

「二○一七年舉行的第七次第二期全員會議可說是為世代交替賦予了不同意義。就如同各位所知，金正恩在二○一七年十二月八日

當天，獨自一人上了白頭山，並決定了一些重要政策，我認為那次會議正是為了召集政令執行人馬而開。」

金正恩想要把身邊人員都撤換成自己的人馬嗎？如果真是如此，那他又會採用什麼方式？還有，他那麼積極追求的目標究竟又是什麼？

尹美良
前統一部南北韓會談常務代表

「若說二〇一六年第七次黨大會為金正恩時代的權力結構打下了基礎，那麼二〇一七年十月黨全員會議、就是金正恩根據前次會議所定下之根基來完成世代交替、同時也扶植自己親信的一次會議。在該次會議中，政治局常務委員除了金永南之外，其他人全數遭到撤換，也就是說，五名常務委員中，共有四人被汰換。不只如此，除了楊亨燮以外，其他的政治局委員也全被撤換，而十五名政治局候補委員也被刪減為十一名，這一連串行動其實就是金正恩的宣言：從此刻開始，我的政治將由我決定、我的政治將由我的人馬來執行。」

二〇一六年五月的第七期黨大會決定書，可說是正式將金正恩體制昭告天下的重要象徵。北韓基於成為社會主義強國的目標，在成功發射洲際彈道飛彈（ICBM）「火星十五號」以後，於二〇一七

年十一月二十九日宣布已經完成國家和武力的歷史大業。究竟當時金正恩心裡所描繪的藍圖為何呢？

文相均
前國防部軍備統制次長

「北韓想要的最終狀態，就是擠身印度、巴基斯坦等核武國家之列，且在核武國家的地位確保狀態之中，改善南北韓雙方的關係，並與美國間的關係走向正常化，以作為國際社會認可的一員。金正恩認為，唯有透過這樣的過程，才能解除對北韓的制裁，並解決經濟困頓的問題。」

郭吉燮
前國家情報院對北情報官

「金正恩的目標很明顯，就是打造社會主義強國之建設。他所採用的手段是並進路線，也就是在擁核的狀態下❸，將北韓打造成為社會主義強國。」

2010 年

政治局 ─── **常務委員**（5 名）

金正日 金永南 崔英林 趙明祿 李英浩

─── **委員**（12 名）

金永春 全炳浩 金國泰 金己男 崔泰福 楊亨燮

金石柱 卞永臨 李勇武 朱霜成 洪錫亨 金敬姬

─── **候補委員**（15 名）

金養建 金英日 朴道春 崔龍海 張成澤 朱奎昌

李泰南 金樂姬 太鍾洙 金平海 禹東測 金正閣

朴正淳 金昌燮 文京德

2018 年

政治局 ─── **常務委員**（5 名）

金正日 金永南 崔英林 趙明祿 李英浩

─── **委員**（15 名）

朴泰成 太鍾洙 安正洙 李勇虎 朴光浩 楊亨燮

崔富日 李洙墉 金平海 吳羞容 金英哲 盧斗哲

李明洙 朴永植 李萬建

─── **候補委員**（11 名）

金秀吉 金能五 任哲雄 趙延俊 李炳哲 努光鐵

李永吉 崔 輝 朴泰德 金與正 鄭敬澤

02
權力菁英間的世代交替

最高人民會議之分析

　　金正恩之所以進行世代交替的最基本原因，並不只是要和父親走不同道路而已。一般認為導致他態度急轉直下，急著進行世代交替的背景因素，主要是聯合國安理會對北韓實施強烈制裁。由於北韓持續進行核武開發與核爆試驗，國際社會間對北韓的制裁也逐漸強化，那麼，被全世界孤立的金正恩還能有什麼路可走呢？可想而知，在宣布國家完成核武大業同時，他也必須要有聰明的人才輔佐，幫助國家度過被制裁的難關。在透過世代交替來扶植能貫徹自己意志的人馬後，又在二○一八年的新年賀詞裡提到平昌冬季奧運會，其脈絡與世代交替的方式極為相似。

　　金正恩為了打破眼前舉步維艱的局面，籌謀建立自己的人馬，並

組織起縝密且積極的戰略。在他掌權的七年間，北韓變化之快速前所未有。對於這一部分，製作小組檢閱了各種統計報告，來確認不斷強調實務與效率的金正恩，究竟是如何在最高人民會議中展現出他的政治風格。

北韓最高人民會議在一九四八年九月九日政權確立的同時，也正式成立，可說是與北韓政權有著相同命脈。過去最高人民會議曾有過反對最高統治者意見之事例發生，這是因為當時最高人民會議可針對部分政策表示正反意見，只不過，在金日成首領唯一體制建立的過程中，發生了一件具有決定性的大事，也就是一九五六年的「八月宗派事件」。

八月宗派事件是北韓所發生過的最大權力鬥爭事件。

雖然該起事件是金日成個人政治生涯中的最大危機，但他卻利用這個契機，將反對自己的勢力全數剷除，建立起一人支配體制。一九五六年六月，金日成為了對外請求五年經濟開發計畫之援助，先後造訪蘇聯與東歐諸國，延安派與蘇聯派等派系趁機擬訂計畫，意欲將金日成拉下權力寶座；沒想到兩派人馬最後反而因為這事件被肅清，而金日成首領體制也更加穩固，到了一九七二年金日成更改訂社會主義憲法，讓北韓成為實質上的獨裁國家。

北韓最高人民會議相當於南韓的國會，而最高人民會議大議員則相當於南韓的國會議員。當然，若斷言北韓的最高人民會議與韓國的國會相似，那麼便有可能讓人產生誤會──這是因為北韓最高人民會議名單完全反映出金正恩與黨的意志，因此，若想了解北韓的權力構造變化，直接觀察最高人民會議的動向是最具效率的。

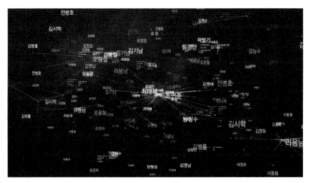

製作小組取得最高人民會議共 687 名大議員的所有背景資料，並進行縝密的分析。

　　製作小組取得最高人民會議第十二期與第十三期一共六百八十七名大議員的年齡、出身地區、出身學歷、主要經歷，以及家庭背景等各種情報，並在獲取資訊的過程中，與未曾在媒體前曝光的脫北高層人士進行無數次的深度會談。經過縝密的大議員社會網絡調查

後，我們挑選出最高階的一百位大議員作為採樣並進行分析，得到的結果是「年輕化與多樣化」。

　　屬於金正恩時代的第十三期大議員們，其平均年齡較屬於金正日時代的第十二期大議員們年輕五歲，且出身地區與畢業大學更多元、廣泛。至於承襲北韓體制的核心勢力，也就是過去與金日成一同在滿州活動過的抗日游擊隊，過往多以世襲的方式傳承權勢，但到了金正恩時代後，在第十三期最高人民會議中，已可明顯看出世襲比例急速下降。

　　在觀察北韓的權力構造時，分析最高人民會議是非常有用的方法，我們可從中看出明確的世代交替結果。經分析，我們發現在總共六百八十七名的第十三期大議員中，有百分之五十五的議員遭到汰換；換句話說，最高人民會議經歷了大幅人事變動，約有三百七十六名大議員被撤換。

金正恩時代的大議員，平均年齡較輕，且出身地區與畢業大學更多元，相對的，游擊隊世襲的比例則急速降低。

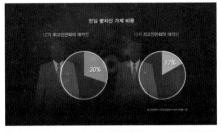

我們發現主要人士們都與崔龍海有高度的連結關係。

為了找出金正恩強行世代交替後所扶植的人馬，製作小組挑選出五位北韓的重量級人物來進行社會網絡分析。

　　首先，我們第一個分析的人物就是金正恩的妹妹，金與正。經分析，發現崔龍海和金與正的連結點最多，跟金與正的關係最為密切。不只如此，過去曾一度被稱為北韓第二人的前人民軍總政治局長黃炳誓，其社會網絡的分析結果也浮現了崔龍海這號人物，也就是說，主要人士們全都與崔龍海有密切的連結關係，而崔龍海正是北韓核心權力階層的抗日游擊隊二代。

　　目前崔龍海的職務為組織指導部長。

　　組織指導部是掌管北韓所有核心權力機關的部門，擁有「黨中之黨」稱號，組織特性封閉，可說是高層人士的權力集團。然而，根據最近金正恩的實地指導分析結果顯示，組織指導部已全面曝光。

我們發現主要人士們都與崔龍海有高度連結。

北韓組織指導部結構圖。

組織指導部的威望

我們發現在金正恩上任之後，組織指導部的威望變得更加強化，特別是包括崔龍海、崔溶遠、朴泰成等組織指導部主要幹部，作為隨行人員陪同金正恩實地視察這點，更是值得留意觀察。

組織指導部是共產黨的核心部門，他們除了調查與監督黨內主要人士，並且掌控他們的資訊與教育之外，也對他們實施生活指導，就算說黨幹部們的命脈就掐在他們手中，一點也不為過。

郭吉爕
前國家情報院對北情報官

「北韓的組織指導部，相當於將南韓的青瓦臺民政首席室、政府的人事革新處，以及檢察、警察、監察院等各種功能統合起來的部

金正恩實地指導的隨行人員中，包括了崔龍海、崔溶遠、朴泰成等組織指導部主要幹部，格外受人矚目。

門。他們會從全國的普通人家中選拔出可培養為純正共產主義者的潛力新秀，然後施以教育、安排職位，甚至就連職務管理也一併進行，時時審查。若他們發現任何異常舉動，便會搜查，再把對方交由高層人士懲處，所以組織指導部可說是真正的『首領制核心』。」

張光日（假名）
前朝鮮人民軍高階將校

「雖說組織指導部與宣傳鼓動部並列為兩大部門，但組織指導部的地位卻遠高於宣傳鼓動部。過去不管是金日成或金正日，他們在強化短期領導體制時，也曾這麼形容過：『組織指導部與宣傳鼓動部之間的關係，就像醫師與藥師那般。』」

03
金正恩的親信

組織指導部的神祕人物，金雪松

　　組織指導部向來被形容成醫師，而宣傳鼓動部則被形容成藥師，因此組織指導部擁有莫大權力，簡直為所欲為、橫行無阻。在這樣的組織指導部裡，卻有一位未曾出現在北韓報導中的謎樣人物，她的一切都籠罩在神祕面紗底下。

　　二〇〇一年七月，金正日搭乘專車前往俄羅斯，準備與俄羅斯總統普丁舉行首腦會議，當時在西伯利亞列車中，如影隨形地陪同在金正日身邊長達二十四日的前俄羅斯遠東全權大使康斯坦丁‧普列科夫斯基，就曾談論過北韓的權力結構。

康斯坦丁‧普列科夫斯基 Konstantin Pulikovsky
前俄羅斯遠東全權大使

「金正日曾提到權力繼承一事。他經常講起女兒的事情，並誇獎她有政治家的手腕，而且年輕有為。他曾說過女兒年紀為二十幾歲。」

當時金正日所說的二十幾歲女兒究竟是誰？金正日一共有四位夫人，膝下共有五名子女，外界普遍都認為康斯坦丁‧普列科夫斯基提及的女兒，是金正恩的同父異母姊姊，金雪松。金雪松出生於一九七四年，是金正日的長女。

直到目前為止，外界始終無法掌握金雪松在北韓政局中扮演什麼角色，所有的一切都只是揣測而已；不過，金雪松相當受金正日的寵愛，卻是不爭的事實。關於這點，除了康斯坦丁‧普列科夫斯基的證言以外，透過其他北韓事務專家所言，亦可一探究竟。美國海軍分析中心國際事務局局長肯‧高斯❸❷曾指出：「金雪松不僅掌握政權內部的所有訊息，同時也管控所有情報的動向，在北韓權力組織中，位居絕對頂點。」

金雪松與姑姑金敬姬之間有著深厚情誼，據說她還曾經擔任組織指導部部長長達三年之久，更重要的是，她是金日成唯一認可的媳婦金英淑所生下的孩子，可說是金日成、金正日的白頭山血統的純正繼承者。

金正日與其妻子、子女們族系譜。

必須關注金雪松的理由，就在於她的勢力與金正恩旗鼓相當。對北韓居民們來說，繼承猶如神靈般金日成的白頭山血統，是絕對不能忽視的事實，倘若金雪松不是金正日的女兒，而是他的兒子，那麼她將擁有至高無上的權力，對金正恩而言，會是非常大的威脅，只可惜在強力男性獨裁的北韓體制之下，身為女子的金雪松，與金正恩抗衡的可能性並不大。

尹美良
前統一部南北韓會談常務代表

「我個人雖不同意金雪松是北韓實權擁有者的這個說法，但關於她的訊息，我在一九九〇年代到二〇〇〇年代初期卻是聽了不少。

當時金正恩尚未崛起，因此金雪松的名字不斷被提及。據以前曾在組織部裡擔任行政要職的脫北人士所言，金正日在批准公文時，會分成好幾種型態，有他親自簽名批准的案子，也有僅僅過目確認的案子；但也有一些看起來不像是金正日親自審閱、卻聲稱已通過金正日核准的案子，據說那些案子就是由金雪松代刀核可，甚至還有一說是金雪松沒有事先審核的案子，金正日看都不看一眼。由此可知，在金正日底下，金雪松的分量舉足輕重。」

李忠赫（假名）
前朝鮮勞動黨平壤市黨高階幹部

「對此我有不同意見。如果金雪松在統掌北韓組織部時，所有文件都由她管控，且必須先讓她事先過目才會上呈到金正日手中的話，那麼必有一些風聲會從內部的權力菁英那裡傳開來，根本無法隱遁。可是，我們卻完全沒獲得過這樣的消息。」

這樣的話，能讓金正日感到自豪的女兒難道是別人嗎？

親妹妹，金與正

金雪松以外，另有一人掌握權力核心，那就是金正恩的胞妹，金

與正。二〇一八年，金與正曾作為金正恩的特使出席平昌冬季奧運會，帶給我們全新的衝擊，而這也正顯示出金與正實為最靠近金正恩身邊的親信。

郭吉燮
前國家情報院對北情報官

「康斯坦丁・普列科夫斯基說金正日提到的女兒是二十幾歲，記得二〇〇一年當時，金雪松的年紀是二十七歲，而金與正則約十五歲左右。既然女兒的年紀才十五歲，那麼當他對外人提起時，也有可能增加幾歲吧？所以我認為金正日指得是金與正的可能性更高。也許有人會認為才十五歲的孩子，不可能擁有多高的政治天賦，但別忘了她才三十歲就已進入政治局，而且不久之前才作為特使來訪首爾，必定是從小就對政治展現出高度興趣，而且也受到相關的培育。」

金正恩與金與正從瑞士留學時期起，感情就很融洽，所以日後金與正便自然而然地待在金正恩身邊進行輔佐。就金正恩掌權後的政治手段來看，他不僅拔除了姑丈的勢力，也毫不留情地下令暗殺同父異母的哥哥，經過這一連串的政治歷程，金正恩不僅更加寵信自幼就與自己感情好的妹妹，兩人也因血緣關係而相互扶持；但如果金與正是貪求最高權力的弟弟，那麼情況就可能有所不同。儘管如

此，直到目前為止，兩人在政策上的表現仍舊是相互信賴、彼此依存的模樣。

時間拉回二〇一二年九月一日，北韓的「朝鮮中央通信」報紙刊載了一張照片，透過那張照片，我們可以得知金與正所扮演的角色。在那張照片裡，金正恩與他的夫人李雪主一邊吃著爆米花，一邊走在平壤新市鎮倉田大街上，儘管看似極為平凡的二十幾歲年輕夫妻日常，但照片中主角一為北韓最高指導者，一為第一夫人，透露出的訊息可不一般。

金正恩最早與夫人一起入鏡並登上媒體版面，是在二〇一二年的七月。當時展現在世人面前的，是夫婦一同現身剛完工的綾羅人民遊樂園，自然地挽起手臂笑看海豚表演的合影。值得一提的是，照片中李雪主的胸前並未配戴所有北韓居民都必須別上的金日成與金正日胸章，而是閃亮亮的胸針飾品。此外，李雪主手中拿著名牌手袋，身上還穿著鮮豔色彩的連身洋裝，部分海外媒體對此發表了善意的評論，認為這是北韓開始吹起「變化之風」。其實真正操刀營造出北韓領導者年輕又開放之形象的背後藏鏡人，就是金與正。

金與正經手打理的事例，不光只是如此。據傳北韓第一夫人李雪主在七月首度於牡丹峰樂團表演公開亮相時，當日除了身穿神似米奇道具服的表演者登臺演出外，還有穿著迷你裙的女性樂團成員演奏美國電影「洛基」與迪士尼電影的主題曲，這些全都是金與正精心打造的作品。金與正就是藉由展現政權的「開放性」，來告訴世人北韓正逐漸改變中。

關於這部分，肯‧高斯是這麼評論金與正的：

肯 · 高斯 Ken Gause
美國海軍分析中心國際事務局局長

「金與正鞏固了金正恩的政權基礎，並強化金正恩的領導能力。另外，金與正的權力伴隨著與指導者的親密度而存在，對金與正來說，金正恩是她最信賴的人。」

二〇一一年十二月二十日，金正恩於安置金正日遺體的錦繡山太陽宮中（時稱錦繡山紀念宮）接待前來悼念之賓客時，媒體捕捉到了金與正的畫面，當時也是金與正第一次在螢光幕前曝光。當天，金正日的其他兩位兒子，金正男與金正哲，並未出席該場合，就連金正日生前極為寵愛的金雪松也缺席未到，公開亮相者唯有金正恩與金與正兩人。

根據曾任金正日御廚的日籍廚師藤本健二所出版手記，金正日極為疼愛他在四十九歲時才生下的小女兒金與正，總是叫她「與正公主」；並在一九九六年到二〇〇〇年底安排她化名「清純」，與金正哲、金正恩一同到瑞士伯恩的國際學校留學。金與正回國之後，又繼續在金日成綜合大學深造，隨後金正恩於二〇一〇年九月以北韓政權繼承者公開亮相時，她的政治生涯才正式展開。金與正最初的職務為勞動黨中央的活動科長，負責金正恩的地方視察日程，以及最高指導者出席的「一號活動」之安排。

二〇一四年三月，金與正就任總括宣傳事業的黨宣傳鼓動部副

部長，目前官拜勞動黨第一副部長，並以平昌冬季奧運會特使的身分，於平壤接待中國對外聯絡部長宋濤所率領的五十多人中國藝術團。由她的政治活動歷程來看，我們可以肯定金與正已站穩北韓決策層，成為核心人物的一員。

　　據說金正日在過世之前，曾囑咐金雪松與金與正要好好輔佐金正恩，並將掌管權力核心的組織指導部交接給金雪松，而負責對國內外宣傳政權正統性的宣傳鼓動部則是分配給金與正。不過，由於金正日的妹妹金敬姬與妹婿張成澤，早已被安排成為金正恩的攝政團隊，且參謀總長李英浩與實為祕密警察的國家安全保衛部首領禹東測，也依照指示在金正恩身旁扮演守護者的角色，外界多認為金雪松實際上並未發揮什麼作用。在金正恩掌權初期，雖沿用了金正日所安排的人事架構，但在不久之後，原來的人馬已全數遭到撤換，目前只剩金正恩及金與正兩兄妹仍舊在該政治版圖當中。

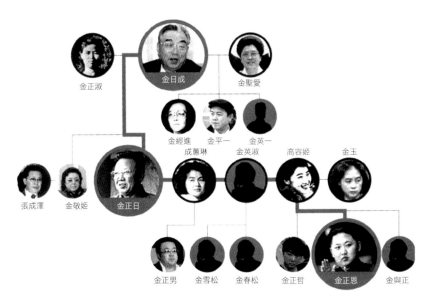

04
北韓的政治體制與
金正恩的領導能力

北韓的政權結構與政府型態

北韓實行絕對的一黨獨裁體制，由最高領導者統掌一切政權，為了了解北韓究竟是經過何種歷程才會走向這種型態，有必要剖析北韓的權力構造及政府型態。一般而言，社會主義國家的特徵就是政權集中在執政黨，一言以蔽之，就是以黨主導的國家體制。在這種體制下，實質上握有權力的唯一政黨就能支配國家社會，並灌輸人民單一價值體系，植入盲目的意識形態。在標榜無產階級獨裁的北韓，勞動黨擁有至高無上的地位與權勢，並凌駕其他機關或團體，在黨的指導與統治之下推行所有政策。

「由勞動黨進行唯一支配」就是北韓政治的重要特色。

到一九七〇年代為止，北韓的權力構造仍以模仿蘇聯為主，由勞

動黨總祕書兼任內閣領導，並由最高人民會議的常任委員長擔任名義上的國家元首。至於北韓現今的權力組織與構造，則是在一九八〇年十月勞動黨第六次大會中成形。當時北韓透過勞動黨規約的改訂，新設立政治局與政治局常務委員會等機關，該次部署同時也是金日成為了將權勢傳繼到金正日手中之布局。在第六次黨大會選出之兩百四十八名中央委員所召開的第六期第一次全員會議中，舉行了指導部首長選拔，結果只選出金日成與金正日父子兩人分掌黨內三大權力機構：政治局常務委員會、祕書局、軍事委員會，自此便確立了金正日的繼承。

在一九九八年九月舉行的最高人民會議第十期第一次會議之中，藉由憲法的改訂，北韓當局廢止主席制與中央人民委員會，同時指定國防委員長為國家最高位階，再度強行改變權力結構，代表北韓政權的最高權力者也從國家主席變成國防委員長。另外，在最高人民會議常任委員會將之前的國家主席與中央人民委員會之機能統合的同時，政務院則是除了原本的「行政執行機關」功能之外，再追加「總和性國家管理機關」的功能，並順勢改編為內閣，如此一來，國防委員長金正日的地位便直上權力頂點，而同時將革命元老世代的勢力撤離第一線，使國防委員長一人獨裁的體制獲得深層的強化。

二〇〇八年，由於金正日健康狀態惡化，確立金正恩後繼體制的作業也加快了腳步，並在二〇一〇年九月第三次黨代表會議與黨中央委員會全員會議當中，通過由金正恩擔任黨中央委員會委員暨黨中央軍事委員會副委員長一案。該次選舉與一九八〇年代金正日被

選拔為黨政治局常務委員及黨中央軍事委員的過程，可說是如出一轍。至此，北韓金氏三代世襲體制便已正式成立。

到了二○一二年四月第四次黨代表會議，以金正恩為中心再度進行了權力組織的改組，同時也改訂了勞動黨規約，使金正恩的地位獲得進一步的強化。不只如此，在最高人民會議第十二期第五次會議當中，亦通過了憲法改訂，使已逝之金正日的地位再度獲得提升，成為「勞動黨永遠的總祕書」及「國家第一守衛之國防委員會第一委員長」。

二○一六年，北韓的權力構造再度面臨巨大變化。六月二十九日通過憲法改訂，當局新設國務委員會以取代舊制的國防委員會，同時並選出金正恩為國務委員會委員長。另外，舊制憲法中的國防委員會第一委員長也一樣進行調整，改以國務委員會委員長成為北韓當局的最高領導者。根據這幾項體制變更，金正恩也由原來的勞動黨第一祕書，一躍成為勞動黨委員長，站上黨最高領導者之大位。

北韓的政治體制畫分為勞動黨及軍隊兩大支柱，以及立法部、行政部、司法部三大國家機構，其中支撐北韓的核心權力階層為勞動黨，勞動黨規約亦表明該黨為「繼承革命血統之朝鮮勞動黨的革命武力」。

北韓勞動黨的設立過程

解放之後，首爾曾有以朴漢永為中心所組織而成的朝鮮共產黨，

並在各道成立朝鮮共產黨的道黨分部。一九四五年十月十日，蘇聯軍政根據在朝鮮共產黨西北五道負責人暨支援者大會中所採納之「政治路線與組織強化決定書」，於十月十三日創建朝鮮共產黨北朝鮮分局，並在十月二十日以三十八度線以北的朝鮮共產黨五都負責人為中心，決定出朝鮮共產黨北朝鮮分部的中央幹部。該年十二月，朝鮮共產黨北朝鮮分部正式更名為北朝鮮共產黨。

可是當時朝鮮共產黨北朝鮮分部中央並未能在北韓確立統一戰線，並掌握住軍中的力量，對此，第三次擴大執行委員會選出強調共產黨基層組織、軍中路線、統一戰線路線的金日成，任命為主責祕書。

一九四六年七月，金日成訪俄會晤史達林。那時史達林親下指示，要北朝鮮共產黨與朝鮮人民黨合併，於是兩黨便在七月二十八日至三十日這段期間召開的北朝鮮共產黨暨朝鮮人民黨兩黨中央擴大委員會中，協議進行合併；並於八月二十八日至三十日期間所舉行的創立大會中成立勞動黨，更納用黨綱領與黨規約來組織黨指導部。乍看之下，北韓當局看似採用聯合制，但實際上則是以金日成為中心，組成單一權力組織。在勞動黨成立的一年半後，黨部於一九四八年三月召開了第二次大會，並透過該次會議，削弱國內派共產主義者的勢力，使金日成在黨內的地位更鞏固。經由這幾波操作，金日成體制在黨指導部的藍圖中，也益加堅不可摧。

北朝鮮勞動黨為了建立政權，先於一九四八年八月，與朴憲永為首的南朝鮮勞動黨合組聯合中央委員會，俟政權確立後，在無黨大會監督之下，於一九四九年六月二十四日與南朝鮮勞動黨共同召開

第一次全員合同會議，兩黨合併及創立勞動黨。會中另選出金日成擔任黨中央委員會委員長、朴漢永與許哥而共同擔任副委員長。

北韓勞動黨自我定調為「以首領的革命思想為指導方針，並在首領獨一無二的領導之下，建構以發動革命與建設的勞工、農民等優秀人才為主之革命先鋒組織」，在二○一○年改訂的勞動黨規約全文裡，更明確記載「為偉大首領金日成同志的政黨」，完全成為首領的私黨。

金正日稱勞動黨是「社會主義的唯一嚮導力量」，並強調沒有任何政治組織可以取代黨的地位與扮演之角色，因為他認為「當一個社會採行社會主義路線時，若非勞動階級之政黨取得領導權，而是由其他政黨來指揮時，就等於放棄社會主義之路線」。

根據二○一○年改訂的黨規約全文規範，勞動黨的目標如下：先「從共和國北半邊取得社會主義之勝利」，邁向「共和國北半邊建立社會主義強盛大國」，終極目標則是從「建立全社會之主體思想化與共產主義社會」前進為「全社會充分達成主體思想化，並完全實現人民大眾的自主性」。這些規範在在反映了北韓內部的真實情況。

金正日過世後，為了形成金正恩唯一領導體制，二○一二年四月所召開的第四次黨代表會議中通過黨規約之改訂。根據改訂後的黨規約，勞動黨作為金日成與金正日之政黨，在實行主體思想的同時，需一併推行以金日成、金正日主義為主的唯一指導思想，並促進全國人民追隨金正恩的領導，以完成主體革命之偉業。另外，由於北韓憲法明訂「朝鮮人民主義人民共和國在朝鮮勞動黨的領導之

下，展開所有活動」，證明勞動黨掌握北韓實權之事實。

二〇一六年五月第七次黨大會中，再度通過黨規約之改訂，同時也將「第一祕書」的名稱更改為「黨委員長」，而「祕書局」也一併改為「政務局」。此外，黨規約中載明國家採行「經濟建設與核武建設並進路線」，也針對黨員、黨組織與相關體制完成整頓，在在顯示出金正恩意欲藉由決策結構階級化，圖謀政權的統一性，以達到強化首領一人支配制度之目的。

黨大會、黨代表會、黨中央委員會

由於勞動黨以中央集權制原則為優先，對首領之領導產生相當大的影響。勞動黨之於百姓所扮演的角色分為黨生活指導與黨政策指導兩種，而其中黨生活指導又可細分為組織生活指導及思想生活指導。組織生活指導是由政務局麾下的專責部門——組織指導部，負責進行指導與管理，而思想生活指導則是由宣傳鼓動部負責執行。

簡言之，勞動黨為了最高領導者而奉獻，但政權卻歸最高領導者所有。

勞動黨的官方最高決策組織為黨大會，黨規約中明白記載黨大會可決定所有關於黨的路線，以及戰略戰術上的基本問題；但實際上擁有決策權的單位則是黨中央委員會與政治局，黨大會只能聽從黨中央委員會與政治局的決定。

在二〇一〇年九月第三次黨代表會議通過黨規約的改訂之前，黨大會為每五年召集一次黨中央委員會，但該原則卻一直沒有貫徹執行。雖然從一九四六年第一次黨大會開始，到一九八〇年為止，一共召集了五次黨大會，但在那之後卻未曾再舉行過會議。因此當金正恩在時隔三十六年後，於二〇一六年五月召集第七次黨大會之時，造成了不小的話題。

黨代表會議是在下一次黨大會舉行之前，由黨中央委員會召集黨中央指導機關之成員所舉行的會議，用以針對黨的路線與政策、戰略戰術等緊急事件進行討論或決策。二〇一〇年時，就曾透過第三次黨代表會議增設黨中央軍事委員會副委員長一職，同時將任命金正恩為副委員長、重新推舉金正日為黨總祕書、改訂黨規約、選舉黨中央指導機關等議題一併完成。透過召開黨代表會議所取得之成果，除了「正式建立金正恩三代世襲制」之外，還變更了黨中央委員會委員、政治局、祕書局、黨中央軍事委員會等黨指導體制，最終透過黨規約之改訂，為黨代表會議賦予黨內最高指導機關之選舉，以及改訂黨規約的權限。

二〇一六年，黨規約再度完成改訂，裡頭載明以勞動黨委員長取代總祕書，並且同時兼任黨中央軍事委員長，藉由強化對軍方之控制的方式來提升權限。

在未舉行黨大會的期間，最高指導機關由黨中央委員會暫代，並管轄所有黨的事業。黨中央委員會每一年至少召集一次以上，但在全員會議不舉行期間，其權限則是委由黨政治局與黨政治局常務委員會職掌。黨中央委員會是由黨大會中選出的委員與候補委員所組

成，全體參加的中央委員會全員會議則主要針對黨內問題進行討論與決策。

全員會議是由政務局與中央軍事委員會組織而成，主要負責選出政治局與政治局常務委員會、黨中央委員會副委員長，以及黨中央委員會檢閱委員會等成員。一九九三年第六期第二十一次全員會議結束後，一直到二○一○年九月為止的這段期間，都未曾再公開召集過。不過，金正恩為了打造三代世襲的基本架構，最後選定於二○一○年九月召開第三次黨代表會議，以及黨中央委員會九月全員會議。

當時，黨中央委員會委員原本只剩六十多名，後來透過第三次黨代表會議選拔出一百二十四名委員，不只為黨中央委員會政治局常務委員會與政治局補齊人員，同時也成功組織黨中央委員會常務局與黨中央軍事委員會等單位。之後，當局二○一三年三月三十一日所召集的黨中央委員會全員會議中，決議採用「經濟建設與核武建設並進路線」，接著又在第七次黨大會期間，於二○一六年五月九日召開黨中央委員會全員會議，進行政治局與政治局常務委員會、黨中央委員會副委員長選舉，並完成政務局與黨中央軍事委員會組織架構。

在長時間未召開黨大會與黨中央委員會全員會議的狀態之下，擔任黨內決策要任的權責機構為一九八○年第六次黨大會中增設的黨中央委員會政治局與政治局常務委員會。過去在金正日時代，政治局是個有名無實的單位，不過隨著後繼的權力組織確立，權勢一舉上升，隨後黨中央委員會政治局即決定召開第三次黨代表會議。政

治局在金正恩掌權以後，透過黨政治局會議與政治局擴大會議決議通過肅清李英浩、張成澤等多名主要人物之提案，成功恢復往日權勢，並藉由二〇一六年第七次黨大會重新任命金正恩、金永南、黃炳誓、朴鳳柱、崔龍海等人為政治局常務委員。

目前負責在前後兩次黨大會期間組織所有事業，並實質給予指導的執行機關為黨中央委員會政務局。過去雖然是由握有實權的黨政治局與政治局常務委員會來主導所有政策之決定，但在金日成與吳振宇過世後，政治局常務委員會便成了僅有單一委員金正日的體制。進入金正日時代以後，政治局常務委員會又喪失實權，改由黨祕書局來主導黨中央委員會。政治局是當初為了確立首領制與金正日的後繼體制，於一九六六年十月召開的第二次黨代表會議，以及第四期第十四次黨中央委員會全員會議中通過增設提案而產生的機構。至於政務局，則是於二〇一六年第七次黨大會中改制祕書局而成的機構。

黨政務局為黨內的核心部門，負責商討黨內部事業與其他實務問題，並有權訂定決策。至於中央軍事委員會，一直到二〇一〇年九月前，並未受到上層關注，但自從第三次黨代表會議決議任命金正恩為黨中央軍事委員會副委員長起，轉身一躍成為最高軍事指導機關，並接連在二〇一三年、二〇一四年、二〇一五年頻繁召集會議，確定了不少北韓政治上的重要決策。

勞動黨在一九六二年一二月黨中央委員會第四期第五次全員會議中，通過金日成所提之「四大軍事路線」，訂立了多項國防力強化決策，並初次設置軍事委員會。原本隸屬於黨中央委員會底下的軍

事委員會，在一九八二年獲得升格，並改稱為黨中央軍事委員會，在將北韓全境軍營化的「四大軍事路線」政策執行上，扮演核心要角。軍事委員會在全國依照各道、市、郡設有不同階級的單位。

北韓最高掌權者的領導能力

北韓政府建立以後，金日成與金正日兩父子便在獨攬大權的狀態下，打造出支配整個北韓的政治體制，同時將政權過渡到金正恩手中。在金正日過世以後，北韓雖一度傳出政權崩潰的風聲，但如今外界卻多推翻既有成見，認為是自己過去太小看金正恩的實力，原因無他，因為他可是主導中朝高峰會談、南北韓高峰會談，以及朝美高峰會談的領導人。

金正恩掌權以來，在政治上完成了兩大項主軸，其中一項為致力架構唯一支配體制，另外一項則是核武建設。為了入手這兩大武器，金正恩硬是頂住來自外界的壓力，始終維持一貫作風，並在發表完成核武大業時，信心滿滿地繼續往經濟建設開發之方向而努力。

金正恩感受到開發經濟建設必須先緩解北韓經濟制裁，以及改善外交關係，因此特別選在新年賀詞中發表改善南北韓關係之宣言，打響改革第一砲，同時致力於舉辦南北韓高峰會談與朝美高峰會談。

我們不難發現，金正恩在訂下目標以後，便會以極高的行動力迅速完成，然後立刻尋找下一個目標，展現出與眾不同的領導能力。

不只如此，他接觸外交與國安這兩個領域的方式也很獨特。金正日時期，所有的會談都是由實務會談開始，透過各種不同的渠道，

一步一步往上進階到高峰會談；可是金正恩掌權以後，從二〇一二年開始便展現出不同風貌。

關於這點，國家安保戰略研究院首席趙成烈是這麼說的：

趙成烈
國家安保戰略研究院首席

「我曾於二〇一二年的板門店接觸過金正恩一次。由於當時金正恩要求直接與青瓦臺進行對話，我才與他有所接觸。在二〇一四年，當時的偵察總局長金英哲作為黃炳誓的特使，向安保室長提出會談請求，還有二〇一五年發生木箱地雷事件㉝之時，時任統一前線部長的金養建也提出與青瓦臺國家安保室長舉行會議的要求。到了二〇一八年，金正恩本人更直接提議舉辦南北韓高峰會談及朝美高峰會談。從北韓近期試圖打開對外關係的行動來看，顯示出北韓並非採取以實務人員由下往上逐步協議的方式，而是由高層直接下達指令。」

就像在南北韓高峰會談中所示面貌，現在的金正恩並不是毫無經驗的年輕狂妄領袖，絕非可等閒視之的泛泛之輩，因此我們必須更加審慎觀察他是如何經過激烈攻防而全面掌握政權，以及為了鞏固獨裁體制而施行的國家營運歷程。

金正恩在掌權以後，便傾力剷除「父親的人馬」，並扶植「自己的親信」，我們有必要去思考他一番所為背後代表的意義，更有必

要了解他的想法。

　　如今金正恩已跨出朝鮮半島，走進國際社會之中，究竟他的內心裡在盤算什麼，著實讓人感到好奇。

05

金正恩不得不上
談判桌的理由

金正恩與川普的會晤

　　朝美高峰會談即將舉辦的消息，造成國際社會一陣譁然。無論是北韓或美國，兩邊所亮出的卡片都是「非核化」，兩國看似上演大和解戲碼，但金正恩與川普的內心盤算是否真是如此？

文相均
前國防部軍備統制次長

　　「仔細琢磨朝美高峰會談之意義，就可發現這將會成為朝鮮半島走向和平的最大分水嶺。如果這個會談能出現雙方皆贏的結果，那

麼北韓就能作為一個正常國家躋身國際社會；但若結果不盡理想或
會談失敗，那麼現在這種和平氛圍將有可能急速轉變為緊張局勢。」

　　就北韓的立場而言，若無法通過會談取得預期的結果，那麼在對
外溝通渠道消失的狀態之下，金正恩將變得進退兩難。因此，金正
恩與權力菁英們必定會傾盡全力舉辦朝美高峰會談，並小心謹慎地
與美方接觸。這是因為北韓有壓力，在非核化必然會被提及的狀況
之中，必須謀求能保障目前國家體制繼續運行的對策。究竟金正恩
能否促使美國放棄充滿敵意的對北韓政策，並將會談結果導向兩國
關係正常化，以及締結和平協議等有利己方的決議？

趙成烈
國家安保戰略研究院首席

　　「這是很重要的部分。青瓦臺此次成立了南北高峰會談推進委員
會，並提了三大議題。第一個議題是朝鮮半島非核化，第二個議題
為包括解除軍事緊張在內的和平協定，第三個議題則是商討如何改
善南北韓關係。在這當中，我們又尤其關注北韓截至目前為止所顯
現出來的態度。就我們原本對北韓的認知而言，現在北韓明擺著態
度不變，這使得我們難以判斷眼前的局勢。不管北韓是為了達成赤
化統一，所以言行舉止才會如此跋扈；又或者是為了達到某種目的，
硬把美國拉進來摻和著談判，沒有任何一項能說得通。我們可以質
疑北韓，但更重要的是，若北韓不計任何型態，必定要在朝美高峰

會談取得成果的話，就一定要提供非核化的基礎架構與藍圖規畫，否則美國是絕對不可能答應北韓的任何要求。」

　　美國川普總統的任期還剩三年，不管對金正恩還是川普而言，都是三年的時限。倘若在這三年之內，北韓能確實規畫出非核化的藍圖，那麼將有助於川普競選連任，同時也很有可能促使美國解除對北韓的制裁，使兩國關係趨於正常，同時穩定北韓的政治體系。目前文在寅總統的任期剩下四年，我們認為在這種狀態之下，未來南北韓間的往來將有可能帶出與朝美間的相同局勢。

　　北韓長時間以來處在困境之中，卻仍持續開發核武，立場堅定不移。沒想到轉眼來到現在，北韓竟已就非核化之議題，成功舉辦過南北韓高峰會談，以及朝美高峰會談。究竟金正恩為北韓找到何種解決之道？

川普總統的任期只剩三年，這對川普與金正恩兩人而言，都是為期不長的時限。

尹美良
前統一部南北韓會談常務代表

「南北韓高峰會談之所以舉行，是因為北韓喊出非核化這句話。
然而真正的問題所在並非北韓非核化與否，而是整個朝鮮半島的非
核化，甚至是全世界都要邁向非核化，所以北韓怎麼可能真的放棄
核武呢？我認為北韓非常可能只是藉機爭取時間，在躲過制裁的狀
態下，加快開發核彈的進度。北韓不過是施展戰略，利用高度宣傳
對外打造和平國家之形象而已。」

　　金正恩是否真的會帶領北韓走上非核化之路？包括經濟民生問題
在內，北韓若想在眾多領域取得國際社會的投資或合作，那麼與美
國之間的關係便必須恢復正常。不過回顧利比亞的子例，試圖放棄
核武與美國修復外交，雙方關係雖得以恢復正常，但結果卻導致格
達費政權垮臺，這點金正恩不可能不知情。

　　另外還有一點，就是得以緬甸為借鏡。緬甸雖然也已與美國修復
關係，但軍方一開始打壓翁山蘇姬，美國便單方面關閉大使館；也
就是說，朝美關係正常化雖有助於北韓走向國際社會，但這並不是
決定性關鍵。金正恩必須要多費點苦心，才能從美國那裡取得更多
穩定國家政權的保障。

趙成烈
國家安保戰略研究院首席

「朝鮮半島的和平體制或朝美關係的正常化，以及保障朝鮮半島和平共存的制度化，並不能單純只是以南北韓問題的角度來看待，因為若是沒有美國的同意，這些事情都不可能成真，所以金正恩一定認為非將南北韓高峰會談與朝美高峰會談綁在一起不可，而這也的確可能替朝鮮半島帶來意外的重大變革。」

北韓的核武問題與朝鮮半島的和平

二〇一七年八月十五日，文在寅在光復節賀詞中表明若無韓國之同意，絕不容許任何戰爭發生之立場。據了解，金正恩曾表示對發表如此立場的文在寅感到強烈信任。

時序往前來到二〇一八年四月二十七日，南北韓高峰會談終於在全國民的感動之中盛大舉行。在「為實現朝鮮半島和平、繁榮和統一的板門店宣言」簽署以後，金正恩會如何走出自己的路呢？

趙成烈
國家安保戰略研究院首席

「我想他應該會期待找出突破口，讓北韓邁向自己所提出的經濟

強國、社會主義強國之目標。」

尹美良
前統一部南北韓會談常務代表

「我們必須關注的是北韓是否真的棄核。就過往觀測國際政治的經驗而言，我們從未見過有哪個國家成功完成核試爆，但最後卻真正棄核，何況還有利比亞這個先例，北韓恐怕不會真的棄核。雖然南北韓高峰會談發表了非核化宣言，但川普及共和黨員仍再三要求，必須徹底清查與驗證。」

文相均
前國防部軍備統制次長

「現在於北韓境內舉辦的南北韓高峰會談已順利結束，北韓當局應該正忙著進行關於朝美高峰會談的各種戰略與準備。相信北韓指導部目前正陷入深思熟慮中。」

郭吉燮
前國家情報院對北情報官

「我們有必要了解北韓真正的目的是什麼。由於川普和金正恩兩人的個性都很火爆，千萬不要輕易相信結論很快就會出現，這樣的

思考非常危險。」

　　一直到前一陣子為止，每當北韓又開始進行核武試爆或核彈試射時，金正恩就會被描述成一個「爆走的瘋子」。事實上，金正恩為了達成強盛大國的遠大目標，任用了許多年輕有為且實務經驗充足人才，這顯示出他能在有限的國家資源裡，作出最合理的選擇與決策，以達成訂定的目標。

　　觀察金正恩掌權這七年以來的北韓變化，我們發現不管他做出任何行動，唯有一點堅定且確實，那就是針對能撼動北韓的實權者們施以權力的更迭。對此，我們只有一個疑惑，那就是金正恩為何突然轉變，並積極地對外展開對話與溝通？如果國內政情穩定的話，他應該會持續固守封閉的態度。莫非有其他問題逼迫他變化？北韓的對外對話中，曾提到好幾次對北韓制裁的相關議題，顯然背後定有緣由。

　　若要更進一步了解北韓與金正恩，不能只將焦點關注在北韓內部，對外的狀況也必須抽絲剝繭才能一探全貌。製作小組也嘗試將視線從北韓境內轉往海外，找出那些握有足以撼動北韓之力量，卻低調隱身的人士，也就是被派遣到各國工作的北韓勞工們。下個章節將談論美元英雄們的故事。

㉛—— 但北韓在二〇一八年五月十三日宣布關閉豐溪里的核試驗場，且未來將不再進行核武開發。

㉜—— Ken Gause，長期研究北韓的美國專家、美國海軍分析中心國際事務局局長，著有《北韓紙牌屋》（North Korean House of Cards）一書。

㉝—— 二〇一五年八月四日，坡州附近的 DMZ 區域發生地雷爆炸傷人之事件，經調查顯示為北韓潛入該區埋設木箱地雷所造成。

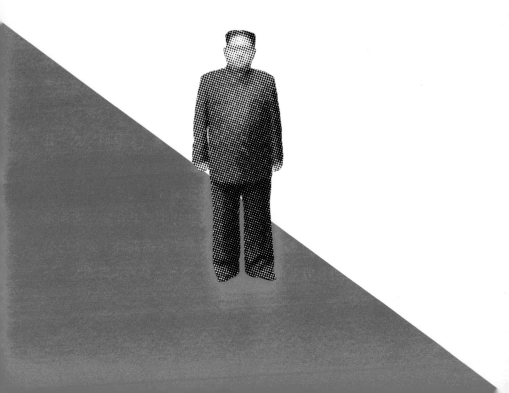

★第三部★
支撐北韓經濟
的美元英雄

01
在海外工作的北韓勞工

海外北韓勞工的歷史

　　北韓從一九四八年起，就開始派遣勞工到蘇聯工作，不過當時派遣勞工的目的主要是政治因素，而非賺取外匯。一九六七年，北韓與蘇聯締結相互友好協定之後，便派出以罪犯為主、一共一萬五千多名勞工到蘇聯境內擔任伐木工，這是對身為北韓長久以來給予大量援助的友邦蘇聯表達謝意所進行之政治性派遣。從那時開始，北韓開始擴大海外勞工之派遣。

　　一九七〇年，北韓與非洲國家締結同盟關係，先後無償派遣勞工前往馬達加斯加修建總統官邸，以及前往中非共和國建蓋議事堂。從那個時候起，北韓開始挑選一般勞工派遣海外，而不再是以罪犯為主；且所有勞工直接由國家進行管理，薪資也歸國家。到

了一九九〇年，俄羅斯進入普丁執政時期，一度因北韓亟需償還債務，使得當時在俄羅斯的北韓勞工薪資，直接歸俄羅斯政府所有。

到了金正日時代，北韓更加大輸出勞工至海外工作，以賺取外匯。由於此時輸出勞工的目的已是賺取外匯大於政治，所以儘管蘇聯政權解體，北韓仍舊持續派遣勞工到俄羅斯境內工作，甚至還輸出至包括中國在內的亞洲各國，以及東歐諸國等四、五個國家。隨著輸出勞工的規模日益擴大，遴選勞工的基準也越來越低，就連賄賂、關說，都成了挑選勞工的要件。此時的勞工派遣地不僅有原本的友邦及同為社會主義之國家，還有其他往來關係較淺的國家，而北韓勞工的工作除了純勞動性質的伐木與建築之外，也跨足到料理、漁業、紡織、旅宿業、IT 業、醫療等範圍。如同前面所述，關於輸出勞工到海外的這一切變化，全都出於經濟目的。

進入金正恩時代，更加積極輸出勞工

二〇一一年，金正日過世，北韓進入金正恩時代，對外輸出勞工的規模也更進一步擴大。不同以往的是，金正日時代的勞工輸出是零星且以眾多國家為對象進行派遣，但金正恩時代的勞工輸出，卻是從中央政府主導與管理轉變為政府下級機關個別主導，並且將此業務定位為國家重點推進事業。故此，被派遣到海外的北韓勞工數量急速成長，且派遣業種也變得多元，諸如跆拳道教官、軍事管理顧問、設計專家等未曾開放的專業人才，也被納入派遣資格當中。

唯一不變的則是薪資歸屬，所有勞工掙得之外匯收入，一概上納北韓當局。

究竟金正日與金正恩時代擴大輸出勞工規模之理由何在？大致上可分為兩點。第一，由於當時海外開始對北韓進行經濟制裁，北韓被孤立在國際社會之外，無法以正常的貿易方式進行經濟交流，加上在第四次核試驗後，開城工業園區也面臨關閉，就連從南韓那裡獲得外匯收入也大幅減少，財政狀況十分艱困。第二，巧合的是，當時北韓可輸出勞動力的機會大幅提升。隨著中國的經濟發展，勞工薪資日益增高，觸發了企業對成本低廉之北韓勞工的需求，再加上俄羅斯也正式展開遠東開發作業，一些重度勞動工作的外籍勞工供給量降低，正好給北韓填補空缺的機會。

北韓輸出勞工的國家主要為中國、俄羅斯、蒙古等長久以來交好的友邦，並對每個國家都派遣了數萬名的勞工，賺取不少外匯所得。除此之外，其他與社會主義有相關淵源的東歐諸國，以及政治外交關係良好的中東與非洲各國，也都是北韓的勞工輸出國。

每個研究單位所發表的北韓輸出勞工數量皆有不同，例如北韓人權資訊中心於二〇一五年發表的人數為五萬多名，而美國 ABC 新聞在二〇一五年發表的數量則是九萬多名，北韓海外勞工人權研究報告在二〇一六年所推估之人數，更多達十二萬名。

在海外的北韓勞工多在嚴峻的勞動環境中工作，並遭受不平等待遇，除了要面對惡劣的宿舍環境、營養失調的餐飲供給、嚴重不足的休息時間、外出限制、資源短缺的醫療設施，還要受到國家極度嚴苛的控管，使得北韓勞工的人權問題成為國際社會間的重要議

北韓輸出勞工至海外的現況（北韓人權資訊中心，二〇一五年）。

題。此外，北韓勞工的勞動薪資所得，絕大多數會被北韓當局以直接或間接的方式強制徵收，勞工幾無個人所得。

　為了了解海外北韓勞工的勞動實態，製作小組花了一年又六個月的時間走遍世界各地進行取材，並直接聆聽那些遠在他鄉、處在惡劣勞動環境中的北韓勞工心聲，在我們眼裡，他們是北韓的美元英雄，也是幫助北韓政權發光的影子般存在。

02
前往中國的北韓女性勞工們

中國有著最多的北韓勞工

北韓在亞洲的邦交國共有二十六國，其中關係最好的國家也是北韓邦交國中的最大國，中國。中國作為北韓在韓戰時期的同盟國，從中國政府建立到現在為止，不管在政治上或經濟上，一直都和北韓維持密切的關係，再加上兩國國境相接，雙方間的交通可靠陸路往來，是最容易派遣勞工前往的國家。

不只如此，若北韓勞工在當地逃跑，公安也會直接介入搜尋，然後把人強制遣返回北韓，這也是吸引北韓輸出勞工到中國的原因之一。被派遣到中國的北韓勞工，從金正日掌權時期起，便一直不斷增加，到了金正恩時代，人數更是大幅提升。

二〇一六年，位於圖們江流域一帶的圖們市與朝鮮投資合營委員

會簽訂雇傭契約，引進兩萬名北韓勞工、琿春市引進三千名勞工，延吉市則申請引進一千三百八十名 IT 技術人員。不只如此，北韓也派遣勞工前往中國境內其他城市工作。根據官方資料顯示，派遣到中國境內的勞工為七萬名，但若包含黑工在內，則推估人數超過十萬名。這顯示出中國國內薪資水準急遽提升，許多工作轉由成本低廉的北韓勞工來取代。

權英卿
統一教育院教授

「中國本身就可以說是世界工廠，只是在二〇一〇年代後，國內薪資水準急速提升，加上人口萎縮造成勞動力短缺。另外，因經濟日漸繁榮，許多人越來越不能接受以往的工資標準，在此狀況下，甚至發生春節回家休假的勞工不願在收假後回到原職場工作的現象。也就是說，中國從二〇一〇年代開始，面臨我們韓國以前曾遭遇過的經濟現象，在此狀態之下，為了補足勞動市場的缺口，就必須從別的地方引進勞工。」

不過，即使是一直與北韓保持友好關係的中國，也開始撤回北韓勞工的引進。二〇一七年十月，聯合國安理會第二三七五號決議案通過對北韓制裁，使得北韓勞工的勞動許可證無法獲得更新。同年十二月，第二三九七號決議案更加強制裁強度，規定所有北韓勞工必須在二〇一九年底以前返回北韓。

決議案通過後，從工廠到餐廳等處都開始進行管制，不僅限縮了勞務條件，也遣返了百分之八十以上的北韓勞工，而北韓外務省為了避免和中國發生摩擦，也配合召回派遣到中國的勞工。

不過，在金正恩於二〇一八年三月訪中後，事情就變得截然不同。雖然只是小規模的輸出，但北韓再度開始派遣勞工到中國工作，顯見對中輸出勞工已有回復的跡象。另一方面，中國也停止遣返北韓勞工，據說還有人目擊到數輛巴士載有看似北韓勞工的年輕女性，從新義州穿越鴨綠江鐵橋進入丹東後，便把她們卸下再離去。

為了確認這個傳言的真偽，製作小組親自走了一趟丹東。丹東為中國最大的邊境城市，與新義州隔著一條江水遙遙對望，是北韓勞工經常往來之地。該地也是北韓與中國的物資、人力、金錢交易的最重要通路，光是中朝兩國的貿易便占了整體的百分之七十到八十。另外，丹東也是聚集最多北韓勞工的地方，常駐在這裡的北韓人口推算有三萬名左右。

丹東居民告訴我們，已經在這裡工作的勞工們，也經常當天往返丹東和新義州兩地，他們都是因為渡江證（通行證）到期，要回朝鮮❸辦理更新。部分從事貿易並派駐在北韓的人員也告訴我們中國正招募一批新北韓勞工，他們經常接到從平壤打來要求幫忙牽線的電話。

我們為了直接確認丹東的狀況，特地前往距離鴨綠江鐵橋約五分鐘路程的丹東稅關，在那裡見到許多懸掛平安北道車牌的車輛正排隊依序進入，其中有一輛巴士在抵達稅關之後，便有許多年輕女性從車上魚貫而下，她們都是在丹東工作的北韓女性勞工。

中國

丹東市　　　　北韓

邊境都市丹東，是北韓與中國之間的物資、人力、金錢交易往來的重要通路。

在丹東工作的北韓女性勞工們。

我們幸運地採訪到其中一位：

金英順（假名）北韓勞工

「我的工作是紡織裁縫。工廠生活比想像中還辛苦，工作累、要學的東西難，弄得我老是病倒不舒服。不過再怎麼說，這裡能賺到

的錢還是比較多。」

一回到丹東市內，便有許多韓文招牌映入眼簾。在我們幾經交涉之後，終於找到願意接受我們採訪的北韓勞工，並從他們那裡聽到關於現在中國與北韓勞工們的真實狀況。

李秀哲（假名） 北韓勞工

「在中國，就算一個月薪資給到四千五百元，也不算是多高的工資，所以他們中國人不想做這些工作。不過，我們做啊！不管是凌晨兩點還是三點，甚至熬夜通宵都能做，我們技術好，又被管理得很好。」

在丹東的北韓女性

製作小組獲得許可，得以採訪北韓女性勞工在丹東工作的服裝工廠。當我們一走進工廠，就看到數十名勞工坐在作業臺前操作縫紉機，年紀多介於二十到三十歲之間。據說她們責任感強，手藝又好，產出成品幾乎沒有瑕疵，所以負責生產國外知名運動品牌服裝的工廠廠長，也對她們很有信心。

權英卿
統一教育院教授

「我們就輸出部分的統計資料去推算，發現委託加工交易在二〇一三年以後開始就超過了百分之二十，成為第二高的交易量，到了二〇一六年時，占比更提高到百分之三十二。其中有部分產品是將原料送到北韓，然後在當地進行生產，也就是說，藉由利用北韓勞動力與工廠的委託加工交易來維持原本的輸出數量。」

法院規定每日工作時間為九小時，但這些勞工們吃住都在工廠的宿舍裡，一天實際的工作時間都超過十二小時。他們之所以願意這麼辛苦工作，是因為都抱著辛苦幾年就能掙錢給家人過上好日子的希望。這些通過北韓當局嚴格審查後，才能派到中國工作的北韓勞工們，每人的月薪平均為兩千至三千人民幣（約三十四到五十萬韓圜），約莫等於中國勞工們薪資的一半。

午餐時間一到，這些勞工們就會三三兩兩地聚集到食堂用餐。由於他們過的是與外界隔絕的團體生活，所以三餐全部都在工廠內的食堂裡解決。

他們的晚餐飯菜有四種，但全都是泡菜與醬菜類，對比他們龐大又辛苦的工作內容，這樣的餐點根本不合格，既吃不好，也吃不飽。我們還發現這些北韓勞工們用餐速度很快，吃完便趕緊清洗碗盤，然後趕著繼續上工。

吃住都在工廠內宿舍的北韓勞工，每日工作時間都超過十二小時。

　　在製作小組遊說很久後，我們總算得以與人力仲介見上一面，並掌握北韓勞工們的生活實際形態。人力仲介告訴我們，中國工廠免費提供宿舍，但餐費得從薪資內扣除，有些工廠為了多留點利潤，還會故意降低餐食的品質。

人力仲介 A

「飯錢是用餐券支付，一個人每月大約會花上三百元的飯錢，但我看那些飯菜內容，價值根本就不到三百元。你想想，只要每個人的飯錢能少個五十元，那麼十個人的飯錢就能省下五百元成本、一百人則省下五千元的成本，要是有三百人的話，那麼省下的可是一萬五千元吶。光是一年累積下來的金額就很可觀！」

其他地方也會是類似的狀況嗎？由於北韓的女性勞工多在服裝紡織業與水產加工業工作，所以我們特地走訪丹東市郊的一間貝殼工廠，在那裡我們看到年約二十到三十歲、身穿藍色制服的女孩子們坐在作業臺前清洗貝殼，依照貝殼大小進行揀選。廠方告訴我們，那些女孩子是從新義州和平壤來的勞工。

工廠廠長對於既勤勉，人力成本又低廉的北韓勞工相當滿意，他表示北韓勞工不僅能夠加班，也不用為她們加入各種社會保險，而且管理起來又輕鬆。看起來，這間貝殼工廠的工作時間一樣也是隨雇用者的心情所定。

最讓我們感到心疼的一點，就是北韓勞工們並未加入中國強制每個員工都要加入的保險，因此不受任何保障。其實中國政府規定企業有義務為每個本國籍與外國籍員工加保，根據從二〇一一年十一月起開始實行的「在中國境內就業的外國人參加社會保險暫行辦法」，所有在中國境內就業的外籍勞工都要加入中國的五大社會保險，並享有與中國本國籍員工一樣的退休、醫療、失業、工傷、生

育保險保障。

　可是對這些北韓勞工們而言，保險不過只是別國的故事而已，因為中國企業為了降低人力成本，完全不為他們加保任何社會保險，要是他們在工作途中有任何病痛或發生意外，便需要自費就診，加上他們的薪資有百分之七十以上必須上繳北韓當局，根本無力負擔高額的診療費用。換句話說，不管他們如何努力工作，都獲得不了任何保障，勞動環境始終惡劣。

中國農村裡的脫北者日益增多

　北韓勞工對於缺工嚴重的中國農村而言，也是不可或缺的存在。據說農村的領導沒有都市管得那麼嚴，有不少人因此偷偷跑來當黑工賺錢，而這些非法勞工都是為了賺錢做生意而來。不知道是不是因為瀋陽有許多朝鮮族居住的關係，據說很多脫北者都隱身在瀋陽。一位住在瀋陽農村的脫北者，就告訴我們關於脫北者的故事。

李影喆（假名）隱居在瀋陽農村的脫北者

　「有許多人都是從北韓海山那裡越境進入吉林省長白縣的，因為冬天潮水會退，水深只到膝蓋左右。而都市內的審查很嚴，所以脫北者都往鄉下農村去，雖然中國政府會執行查緝，但中國地那麼大，他們也沒辦法把所有角落都翻過一遍。在中國這裡工作一個月賺到的錢，在北韓夠活上好幾個月，只要我們在中國認真工作個兩

個月，在北韓就夠吃喝一年了。農村這裡包吃包住，我們在這裡什麼都做，伐木也做，要不就去種人蔘，還會幫人收割玉米或挖掘藥草……。」

　　隨著中國的經濟成長，許多人不再從事重度勞動工作，中國為了補足勞動力缺口，透過舉辦中朝就業博覽會等方式，積極招募北韓勞工，成功為丹東、圖們、琿春等邊境都市引進兩萬多名的北韓女性勞工，而這些女性勞工多在紡織裁縫工廠或食品加工工廠工作。

　　北韓的勞動力為中國經濟成長不可或缺的一大要素。儘管北韓勞工們要面臨重度勞動的艱辛、不合理的待遇、飽受監視與處罰的不自由生活，而且還領取比中國本國籍員工更低的薪水，但對他們而言，在中國賺到的錢依舊遠比在北韓多，因此他們仍前仆後繼地往中國來。對於亟需成本低廉、高素質人力的中國以及迫切需要外匯所得之北韓，北韓勞工恰好成為延續兩國密切關係的因子。

03
俄羅斯的北韓勞工

逃亡者們

　　北韓最早派遣勞工到蘇聯（俄羅斯）工作的時期是一九四八年，不過是到了一九六七年與蘇聯締結相互友好協定以後，才開始派遣大量勞工前往蘇聯。在金日成時代之後，一直到金正日與金正恩時代為止的這段期間，北韓仍持續派遣勞工到俄羅斯的原因有三個。

　　首先是因為地理條件。由於兩國邊境有相接之處，不僅容易派遣勞工，移動也很方便，人力運送成本更是低廉。第二，兩國長久以來互為友邦。第三，有助於俄羅斯的遠東開發。隨著正式開始推動遠東開發作業，俄羅斯政府招募了許多外籍勞工；可是因為勞動環境惡劣，再加上人力成本提升，來自第三國的外籍勞工明顯減少許多，相反的，北韓勞工除了成本低廉，又容易控管，勞動素質也很

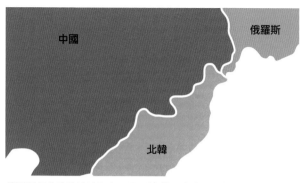

俄羅斯與北韓的邊境相交，是派遣勞工的有利條件。

高，所以俄羅斯對北韓勞工的需求不停增加。

　　透過脫北者講述在俄羅斯工作的北韓勞工故事，才終於展現在世人面前。我們花了好幾個月的時間，終於找到一位名叫朴泰鎬（假名）的脫北者願意分享他的故事。

　　朴泰鎬是在一九八〇年代初期前往俄羅斯遠東地區工作，他在西伯利亞林場中負責開卡車運送的工作。

朴泰鎬（假名） 在俄羅斯工作過的脫北者

　　「當時蘇聯的車子不是真的汽車，是老式板車！天氣冷的時候，暖氣也開不起來，雖然有小火爐可以用，可是得小心倒柴油，不讓火花到處亂噴。我們會拿碎木片當火爐的引線，並把柴油倒在木片上，不這樣做的話，點不起火來。對了，還有前面車窗總是結了厚厚的冰霜，坐在駕駛座上根本看不到前方，沒有辦法開車。」

朴泰鎬先生小時候在北韓過著很貧困的生活。在他七歲時，父親被認定為政治犯，而被抓去集中營，家人們也因此被烙上罪犯家族的印記，在管制森嚴的北韓社會制度中，無法找到工作賺錢養家。一九八二年，當他聽說海外勞工計畫要招募一批人去俄羅斯工作，心中便燃起希望，一心想通過招募，然後努力工作賺錢，早日和家人團聚。

　　只是現實和夢想的差距實在太大，他完全沒想到在俄羅斯工作時，竟會受到極度壓榨，每個月的薪資只有百分之七可自用，其餘一概都被扣留並轉匯北韓當局。雖然有幾個勞工要求俄方直接發放薪資給他們，但某天他們就成了保護管理對象被帶走，從此消失在眾人面前，之後大家才知道他們被人民局冠上「不道德行為」的罪名，眾人因此不敢再多說什麼。

　　儘管如此，他還是在俄羅斯當地待了七年，畢竟就算回到北韓，一樣只能在貧苦生活中打滾，別無他法。冬日，他待在暖氣無法啟動的房間裡，罹患了重感冒，眼淚和冷汗不停冒出，他只能把自己裹在好幾件毯子裡，想辦法撐過去。那段期間，有越來越多的夥伴都熬不過，最後撒手人寰，於是他下定決心，要帶著妻小一起逃離北韓。

　　我們還訪問了另一位告訴我們在俄羅斯工作的北韓勞工故事者。透過當地人脈的居中幫忙，我們見到一位在二十年前逃離作業部隊的北韓勞工，如今他一邊工作，還得一邊小心翼翼地隱姓埋名，以躲避北韓情報員的追查。

李順龍（假名） 隱居在俄羅斯的北韓勞工

「剛到俄羅斯時，覺得有好多東西都很新奇，全都是北韓沒有的玩意兒。那時我心裡老想著，要是有錢，要把那些東西都買下來。在第一次回家時，我買了個收音機帶回去，老婆要我下次買件冬衣給她，我就一併連孩子的衣服都買齊了，不知道他們有多開心！鄰居們也都很羨慕我們。想起我的家人們……不知道他們是否還活著……我想大概都被趕到山谷裡了吧。那時有很多人餓死，要是被趕到山谷裡的話，說不定已經命喪在那裡了……這都已經是二十年前的事情了……那時我兒子正在上幼稚園，還不滿七歲。」

他說他離開俄羅斯以後，從新聞裡看了很多國際消息，想法也改變不少，而且都是以前在北韓時，不會去想像的事情。

李順龍（假名） 隱居在俄羅斯的北韓勞工

「那些都是在這裡才會知道的事情，待在北韓的人是絕對不可能知道的。當我們這些在外工作過的人返家時，必定會把那些事情都講給家人聽，雖然我們被下令噤口，什麼事情都不能多講，但隨著進出的次數變得頻繁，很多想法也隨之改變。在這邊看到勞工來來去去，就會想起以前的夥伴，不過我倒沒有想去接觸他們，一方面是怕暴露自己的身分，另一方面則是因為工作太繁重，沒那個力氣交談。我想，現在過來的勞工應該和我們以前一樣，做得要死要活

131

的，但是掙不了幾毛錢；遇到天氣冷的時候，就算身上衣服穿不暖，還是得照樣出門工作活受罪。其實，只要能在這裡自由工作賺錢的話……是一定可以賺到錢的呀！只不過就算我想幫他們一把，以我現在這困境，實在是沒辦法幫什麼忙。以前我最怕警察了，不過在好心的韓國傳教士幫忙下，我現在已經有臨時身分證，不用怕警察查緝了。相反地，我現在最怕的，就是情報員認出我來。在這裡的勞工們，不管多努力工作，幾乎都賺不到錢，薪水都是由負責人管理，勞工們身上就只有餐券。那些負責人都是北韓當局挑選出來的人，他們也會想方設法從勞工身上榨取利益。」

市場經濟是海外勞工的動力

製作小組為了了解在俄羅斯工作的北韓勞工勞動現況，直接潛入海參崴進行取材。既是西伯利亞鐵路起點，同時也是終點的海參崴，在一八六〇年被指定為俄羅斯的海軍軍港之後，隨即便進行開發。一八九七年，隨著橫跨海參崴到伯力、一共穿越七百七十二公里的西伯利亞鐵路竣工，海參崴也就成為進出太平洋一帶的關口。另外，從二〇一五年起，每年的東方經濟論壇（EEF, Eastern Economic Forum）也都是在海參崴舉行。

俄羅斯中央政府以二〇一二年海參崴 APEC 高峰會談為契機，計畫將海參崴規畫成亞洲暨太平洋地區國際協力機構的中心地。為了將該處開發為國際政治與經濟中心，俄羅斯新設了由國務總理擔任

委員長的遠東亞洲開發國家委員會，主管地區開發與相關業務。

對俄羅斯來說，為了成功開發極東地區的各種事業，首要之務就是解決勞動力不足的問題，而這也促使俄羅斯與北韓關係比以往更密切。對北韓而言，輸出勞工到俄羅斯境內，可說是賺取外匯的絕妙良機，但跟之前相比，北韓在正式輸出人力到俄羅斯之後，派遣過去的人數卻不如以往。

二〇〇二年八月二十三日，普丁與金正日曾在海參崴會晤。由於這場在海參崴舉行的朝俄高峰會談為非正式的實務會談，所以沒有對外發表共同宣言，不過根據俄羅斯外交部官網在會談結束後所刊登的普丁記者會內容來看，北韓與俄羅斯在這場會談中論議了國際問題與朝鮮半島問題，還有兩國間的政治與經濟互助問題。在經濟方面，北韓是以戰略角度為中心，與俄羅斯針對產業設施的開發與維修進行商討，除此之外，雙方也論及關於林業、漁業、礦業、農業、建築業等各項產業的合作強化事項。

北韓派遣勞工到俄羅斯境內工作的歷史已有三十多年，但有規畫的正式派遣則是在二〇〇七年八月三十一日締結「朝俄臨時就業活動相關協定」以後才開始。根據這個協定，能夠被派遣出去的勞工須具備幾個條件：六等親內無政治犯或經濟犯、出國前五年間未曾參與政治活動、最近五年間有固定的居住地、擁有技術資格證與身體檢查合格證等。

需要北韓勞工的俄羅斯企業與北韓政府之間，必須簽訂勞動契約，北韓勞工才能以俄羅斯企業發送的邀請函申請工作簽證，並進入俄羅斯境內工作；可是因為雇傭契約沒有固定標準，加上在俄羅

斯可以比在北韓時賺更多錢，生活也更加自由，所以據說常有人會想辦法賄賂官員，把原本五年的滯留時限多延長幾年。於是原本該從海外匯回北韓社會的勞工所得，有時也會被拿來當作在市場做生意的創業資金。

權英卿
統一教育院教授

「那些在海外工作的勞工們，要不是賺大錢回家買禮物孝敬家人，就是扛著大包小包買給家人的物品返鄉，多虧了這群離鄉背井的勞工們，北韓經濟才得以活絡。以前韓國也遭遇過相同的狀況，在一九六〇年底到一九七〇年初的這段期間，有許多勞工前往越南或中東工作，他們匯回家鄉的錢，使韓國經濟活絡了起來。」

二〇一四年十二月起，俄羅斯開始對外籍勞工實施工作證發給審查。主管相關審查考試的教育機關為莫斯科大學，審查考試科目則有俄語的讀、寫、文法、讀解、會話等項目，以及俄羅斯的歷史與俄羅斯聯邦基本法律；外籍勞工若想取得工作許可證，得通曉俄語。不過，北韓勞工不懂俄語也沒有受到什麼阻礙。究竟這種矛盾現象是怎麼解決的呢？除了少數人是花錢購買許可證之外，其他人則是去參加俄羅斯舉辦的俄語課程，以替代考試。據說有些人透過仲介，以五十到一百美元不等之費用購得工作許可證。

從二〇一六年六月起，隨著外國勞工的管轄單位從聯邦移民廳更

改為內政部，警察變得有權力盤查北韓勞工，據說俄羅斯警察們經常會跑到勞工的工作現場與宿舍等地盤查，一一確認勞工們是否持有工作許可證、是否為非法滯留。不過，他們倒也沒有真的查緝到什麼，真正盤查到的案例也就只有二○一六年兩名在濱海邊疆區的北韓勞工，因酒駕與超速被取締，而被驅逐出境，以及因逃稅等理由，被下令關閉公司的其他案例。但，我們聽說勞工們會藉由換公司的方式，繼續留在當地工作。近來有越來越多北韓公司會想辦法躲避俄羅斯當局的監視，並對北韓勞工施以不合理待遇，或替公司逃稅，勞工們的工作環境可說是越來越惡劣。

海參崴的北韓勞工

雖然海參崴處處可見北韓勞工，但想就近採訪卻難如登天。

在我們鍥而不捨地調查之下，總算找到他們集體生活的地方。我們前往海參崴市郊，穿過一條長長的砂石路後，抵達一棟裝有監視器的建築物門前。那棟建築的門窗裡全鋪著一層塑膠墊，從外頭無法看到建築物內的樣子。

和周圍森嚴的警備不同，大門是敞開的。一走進宿舍內部，大大的「社會主義」、「人民」、「金正恩同志」等熟悉的標語映入眼簾，一旁還陳列了「勞動新聞」以供取閱，這裡簡直就是俄羅斯裡的小北韓。大廳裡貼了幾張表格，分別是依照工作組別標示業績的國家計畫執行競爭表，以及個人的業績表。打開管理員放在書桌上的手

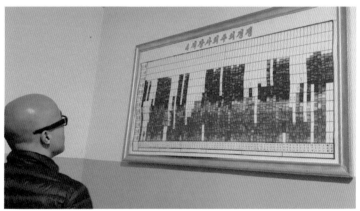

集體生活在海參崴的北韓勞工宿舍風景。

冊，可以看到上頭密密麻麻的業務委託內容，甚至就連工作處、聯
絡處、建築物密碼、收取金額等詳細資料也一個不漏。

寫有以韓語發音標示俄羅斯語的紙張。

　　二樓是廚房。這裡的餐具一應俱全，就連泡菜也是在宿舍裡自行醃製。除此之外，這裡還有三個餐廳裡常見的大飯鍋。住在這裡的勞工們已出門上工，宿舍裡空無一人，我們走到浴室和洗臉臺邊，感覺的到一切都被打理得很好，完全沒有髒亂的痕跡。

　　由於我們製作小組並未在這裡見著北韓勞工的蹤跡，只好立刻轉移陣地，直接前往他們工作現場，並在地上看到寫有以韓語發音標示俄羅斯語的紙張。那裡有好幾位沒有穿戴安全裝置的勞工，在搖搖欲墜的建築物中穿梭，看似正忙著工作，他們身上稱得上是安全裝置的東西，就只是一條繩子而已。

　　一走進建築物內，只見那些勞工們正忙著挖水泥、釘釘子和塗牆，我們試著和他們搭話，他們則是大方地應答，並不懼怕和陌生人交談。多數工人都是以前在北韓有過相關經歷的熟手，所以看起來老神在在，十分熟練。他們表示工地裡最辛苦的工作，都交給北韓勞工來做，為了配合工程時間，他們不會拒絕夜間加班趕工。可

在搖搖欲墜的建築物中工作的北韓勞工。

惜才開始聊沒多久，對話就被打斷，不知道從哪兒冒出來的監工，正用高度警戒的眼神驅趕我們。

　　為了更進一步了解北韓勞工在俄羅斯生活的細節，我們決定乾脆直接發包整修工程，讓他們到我們的住所來。首先，我們先尋找刊登在報紙上的建築業者電話，然後去電詢問是否有北韓工人，業者告訴我們可馬上派人來現場確認，然後才會跟我們討論施工細節與報價。不只報紙上能找到這類型廣告，網路上也能輕易找到這些業者的資料，而且每家業者都說自己公司的公寓、辦公室整修工程費用不貴，非常積極地進行宣傳與推銷，甚至還會直接放上作業負責人的照片與名稱，並介紹他們以前的工作經歷，努力開發業務。

　　在我們打完電話的隔天，建設公司便依約派了北韓籍工程負責人來。負責人仔細檢查房子內的情況以後，便開始報價；議價結束後不久，另有兩名北韓勞工抵達。我們便試著在他們工作的空檔和他們對談。

積極宣傳北韓勞工的網站。

金希哲（假名） 在俄羅斯工作的北韓勞工

「在北韓，只要說去俄羅斯工作，大家都以為可以賺大錢，還會投以羨慕的眼光。我來到這裡以後，一開始因為語言不通，吃了不少苦頭，而且從早到晚就是不停的工作，一直忙到天都黑了；就算俄羅斯人對我們說別做了、快休息，我們也只是回答對方這樣不行、得努力工作才可以，然後逼迫自己趕快學習。那段時期可真是累人。俄羅斯人裡頭，沒有人像我們這樣勤勞工作的，可是我們這麼辛苦工作又有什麼用？錢還不都是被國家拿走了，留在我們手裡的根本沒有幾毛錢。上頭成天就只會說要支援國家發展所的建設、支援受害地區重建，要我們必須忠誠上納。不只如此，他們還說俄羅斯一個教授的薪水是七萬盧布，像我們這種最底層的勞工在別人的國家工作，就得賺的比教授多才可以。結果呢？做得要死要活，卻沒半毛錢可以進我的口袋裡。」

其他勞工所言皆大同小異，不過他們的悲歡各有不同，在艱辛的工作內容壓迫之外，思緒都隨著在北韓的家人們起伏。

李洙赫（假名）在俄羅斯工作的北韓勞工

「我來這裡已經六年了。我們薪水低，做事又勤快，所以這裡的人喜歡找我們做事，以泥水匠這工作來說，俄羅斯人一天的薪資是三百到四百盧布，但我們只要二百到三百盧布。我們一個月得賺十萬盧布以上，畢竟不是一年三百六十五天都有工作可幹。以前就有過從一月到四月完全沒工作上門的狀況，所以在能賺的時候，就得想辦法多賺點，否則就賺不到一整年的目標額了。第二個讓我覺得心酸的就是想念家人。我好想我的孩子，不管多辛苦，我都要掙錢給孩子唸書。現在他已經升上中學二年級了，如果要栽培他，得送出國唸書，畢竟現在這時代已經跟我們那時候都不一樣了嘛！在俄羅斯這麼無聊又辛苦的日子裡，我也只能一邊想念家人，一邊咬牙撐下去了。」

每一個北韓勞工都對自己的工作技術抱有強大的自信心，他們之所以能在俄羅斯獲得這麼高的評價，都是因為有很強的工作能力。

那麼雇用他們的俄羅斯僱主們，又是如何看待他們呢？一位曾雇用過北韓勞工的俄羅斯人是這樣告訴我們的：

維克多・阿列克謝維奇 曾雇用過北韓勞工的俄羅斯人

「不管是以我個人意見，或是以整個俄羅斯的立場而言，北韓勞工們在極短的時間裡，就成了業界中能力最強的一群人，可是，就算他們技術好、工作表現好，也一樣賺不到什麼錢。對比實際工作內容，他們拿到手的錢可說是少之又少，我想他們一定覺得很委屈。以前和我一起工作過的某位北韓人，就過著十分悲慘的人生。他的父親在南韓，其他家人都在北韓，一家子散居各地。每到他下班時間，都要我們一趕再趕才走，原來是因為他們的監察官老懷疑他偷偷藏錢，一回去就會被嚴格監視，所以他都把錢放在我這裡，由我幫他保管。那個北韓員工技術很好，所以常負責有錢人家的房屋裝修；曾經有個客戶說想要把浴缸弄成義式風格，結果那個北韓員工很快就搞定這筆業務，達成客戶的要求。」

維克多表示薪資並不是每日固定薪資，而是做多少領多少。以一間三房公寓而言，可領薪資約為十萬盧布（約一百七十二萬韓圜），但像他口中說的那位北韓勞工，則因為技術精良，常負責為別墅或特殊建築進行裝修，這種業務就可以賺到五十萬盧布（約八百六十萬韓圜）左右。只不過，就算他們賺再多的錢，也無法讓自己成為富豪，因為他們賺到的薪資幾乎全部都要上繳北韓當局，能留在手中的錢少之又少，頂多只能買包香菸抽。

高工時與日積月累的生活苦難

沒想到原本被認為還算好的俄羅斯工作，卻突然有了很大變化。聯合國安理會在二○一七年十二月通過第二三九七號決議，對北韓進行制裁，規定各國必須在二○一九年底前遣返北韓勞工，俄羅斯因此開始遣返部分北韓勞工。

俄羅斯駐北韓大使亞歷山大・馬休戈拉先生，在記者會上這麼說道：「雖然禁止雇用北韓勞工對俄羅斯的經濟帶來很大的打擊，但我們仍然徹底遵守聯合國安理會的決定。這次禁止雇用的決議對俄羅斯的經濟帶來嚴重影響，尤其對遠東地區的打擊更是莫大無比。沿海邊疆地區幾乎可說是靠著北韓勞工的力量打造起來的，目前有大約一萬兩千名的北韓勞工在那裡工作。」

亞歷山大 ・ 馬休戈拉 Alexander Machogora
俄羅斯駐北韓大使

「俄羅斯每年發出一萬兩千至一萬五千張簽證給北韓人，其中有百分之九十都是短期工作簽證。北韓勞工在俄羅斯工作的鼎盛時期約有三萬七千名，雖然有部分人士認為北韓勞工離開後留下的空缺，可以由中國勞工們遞補，但中國的平均薪資水準在俄羅斯之上，反而沒有中國人願意到俄羅斯工作。」

俄羅斯外交部在接受對北韓制裁的決議案後，便徹底遵守決議案中在二十四個月內將所有北韓籍勞工遣送回國的規定，這也表示在二〇一九年底以前，所有北韓勞工都得離開俄羅斯境內。

問題是，目前北韓勞工仍然在惡劣的環境中從事嚴苛的工作。北韓勞工多集體住在市郊的公寓，或是生活起居全在工廠內解決，而每間公司雇用的北韓勞工人數不等，一般為三百名到六百名之間，整體來說，北韓勞工們所處環境相當惡劣。以前就曾因環境惡劣而發生過幾次事故，例如冬季時分，在工廠內使用暖爐，結果卻造成不少人死於一氧化碳中毒，又或者是部分勞工未穿戴安全裝置，結果在工地跌落高樓而死，更有些勞工是因為受不了生活艱苦，結果跑到宿舍頂樓跳樓身亡。

雖然每間公司的狀況不同，但北韓當局會要求所有員工每個月繳納包含國家計畫資金在內的各項費用，例如所得稅、社會保險金、宿舍費、餐費、管理費等各種附加費用，因此每個人實際上所要負擔的費用相當於薪資所得的百分之八十到九十。在盧布貶值後，雖然因中國勞工大幅減少，使得北韓勞工無缺工之虞，但為了達成每月的個人上繳金額目標，大部分北韓勞工都開始兼起副業，而北韓公司也為了讓這些勞工兼差，默許他們在宿舍以外的地方吃住。

根據勞動契約，每人每天的工作時間為早上九點到下午五點為止，其他時間兼差或經營個人副業是非法行為，但是對這些北韓勞工們來說，若想在繳納完國家計畫資金、個人上繳額、附加費用之後剩點錢自用或儲蓄，兼差就成了不得不的選擇。

若無法繳納每月上繳額的話，就不能留在俄羅斯工作，所以才會

有這麼多人在工廠從早工作到晚之後，再繼續趕往別的地方工作到凌晨，唯有這樣才能多賺點錢。

派遣到全世界工作的北韓勞工們，不只無法獲得合理的待遇，甚至還有可能因工傷而死亡。不幸傷亡者的這筆生命債，到底能跟誰討呢？

04
馬來西亞礦坑裡的真相

最勇敢的人們

　　二〇一四年十一月二十二日，馬來西亞婆羅洲西北部的沙勞越州發生一起煤礦爆炸事件，根據當地報章雜誌的報導，這起事件造成一名北韓礦工與四名外國人死亡，另有若干傷者。爆炸發生的地方在地下數百公尺深處，由於極度危險，當地人都不願去那裡工作。

　　一九七三年與北韓建交的馬來西亞，一直和北韓保持著友好關係，在二〇〇九年甚至還與北韓簽訂免簽證協定，互惠兩國人民往來。沙勞越是馬來西亞唯一雇用北韓勞工的地方，北韓自一九八〇年代起，便積極派遣勞工到該地從事挖礦或建築等勞動工作，並以該地作為賺取外匯的據點，到了二〇一七年為止，在沙勞越礦區工作的北韓勞工估計有三百名左右。

製作小組在沙勞越居民雅各耶滿的指引之下，直接前往沙勞越的礦區進行取材。我們在那裡沒看到任何工人，直到雅各能前來礦坑時，才告訴我們：「只是看不到工人而已。」

雅各耶滿 沙勞越居民

「他們不願意讓別人知道礦坑的祕密。這裡其實藏有許多祕密，而在這種地方挖礦，是非常危險的工作，所以他們想把這事實隱藏起來，要是讓大家知道這裡很危險的話，就不會有人願意來工作了。我們認為進去礦坑裡工作的工人是北韓來的勞工，有時候這裡會發生死亡事故。」

由於當初馬來西亞對媒體進行徹底管控，能對外發出的報導內容都受到一定限制，但關於礦坑所有者、礦工來歷、事故發生經歷，倒是曾刊載在報紙裡過。有北韓人曾在這裡死於工作中，但為什麼北韓勞工要來到沙勞越工作呢？

我們和出身自沙勞越的居民姜布納斯就這部分進行了訪談。姜布納斯雖然在沙勞越出生，但她現在卻居住在遠離沙勞越的外地，原因是因為她將關於政府貪腐的新聞上傳到網路上，結果因此被驅逐出沙勞越。在她所上傳的新聞裡，曾提到礦坑的狀況。

姜布納斯 出身自沙勞越的居民

「聽說馬來西亞政府對沙勞越居民實施特別管制，好讓北韓居民

進入礦坑裡工作。長官的發言，實在讓人震驚，他說沙勞越這裡的居民不勇敢，只有北韓人敢進去礦坑，而且他們又有很好的技術、工作果敢又明快。這些話真的太奇怪了。」

不只有姜布納斯這麼想，沙勞越的其他居民們也開始產生懷疑。世界最知名的環保人士彼得‧約翰‧賈班㉟也是其中一人。

彼得‧約翰‧賈班 Peter John Jaban
環保人士

「我已經開始著手進行調查，一定要找出真相。這個地區的報章雜誌曾報導過這裡死了數萬人，可是村民們卻表示真正的死亡人數更多。雖然也有村民在礦坑工作，但絕大多數的礦工是北韓人，而且他們也不和這裡的村民們來往，看起來有不可告人的祕密。」

當我們製作小組停留在沙勞越礦坑附近的一個休息區時，曾見到一輛大巴開了進來，當地居民告訴我們已目擊那種大巴來往礦區好幾次，但沒有人知道坐在車子裡的人是誰。

他們隱藏了什麼

只有一個方法能知道那裡究竟發生了什麼事，就是實地走訪。於

是製作小組偽裝成歐洲礦業公司派來的員工，還弄了幾張偽造的事業登記證，並帶著偷拍相機潛入攝影。

我們在前往礦區外圍的路上，遇到一位看似負責人的先生，他問我們為什麼跑來這個地方，我們趕緊秀出偽造的事業登記證，並試圖詢問是誰在這裡工作，可惜我們並沒問到確切的結果，無法確認礦區是否雇用北韓勞工。就在這個時候，有兩輛車開了過來，看起來像是要擋住出口的樣子，我們別無他法，只好就此撤退。

在走出礦區周圍的路上，我們好運地遇到一位礦工，得以向他詢問一些狀況，他告訴我們「因為發生爆炸，至少有九人死亡，可是那些北韓人的屍體沒有送回去給在北韓的家人，全都在礦坑就地燒掉。」

過沒多久，我們看到一輛車正往礦區的方向前進，於是取材小組立刻掉頭跟著那輛車，因為我們別無他法，只有想辦法潛進內部，才能找出關於在礦坑裡工作的北韓人消息。

在馬來西亞沙勞越叢林礦坑裡工作的礦工，真的是北韓勞工嗎？馬來西亞政府究竟和北韓締結了什麼關係，才會允許北韓人到馬來西亞工作？北韓勞工究竟領取多少薪資？薪資又是落入誰的手裡？

取材小組一路跟隨到宿舍前，便看見約莫二十多名北韓勞工。宿舍牆壁的其中一面掛有寫著「跟隨領導者的意思，我們要團結再團結！」的標語，另一面則貼上金正恩一家的照片。那群勞工看到取材小組，就非常激動地朝我們出言抗議，彷彿隨時就要開打。後來取材小組才知道，北韓勞工們曾受過職前教育，被告知遇到電視臺等媒體時，應該如何應對。想來他們一定是被教導要搶奪相機並加

以摧毀，再朝對方發動攻擊，把他們往死裡打。事實上，當時那群北韓勞工就朝著我們蜂擁而上，還喊著要搶下相機。

我們離開礦區後，打電話給一名叫作寇德・雪莉的礦區負責人，並詢問他關於北韓勞工的事情。雪莉在接到我們的電話以前，已經知道北韓勞工和我們的騷動，我們告訴雪莉只是想要拍幾張照片，不懂為什麼那群勞工反應如此激烈，並詢問他為什麼會這樣，他是這麼回答的：

寇德・雪莉 礦區負責人

「他們並不是攻擊你們，而是因為你們沒有得到許可進入礦區。我們可是取得了許可，可以自由聘雇本國籍勞工與北韓籍勞工。」

我們告訴雪莉，支付給北韓勞工的薪水很有可能都被匯回北韓當局，以維持他們的政權，並持續壓榨人民，但雪莉強硬否認。問他爆炸當時死亡的北韓勞工屍體是否沒有送回北韓，而是在礦坑裡就地燒毀？他氣急敗壞地說出：「你說謊！我不想和騙子說話，我已經跟你們講夠久電話了。」然後匆忙地掛掉電話。

金正男暗殺事件以後，兩國關係改變

在那之後，我們提供相關影片給出身自印尼、時任聯合國北韓監督負責人的馬祖基・達魯斯曼。

馬祖基・達魯斯曼 Marzuki Darusman

聯合國北韓監督負責人

「真是驚人，怎麼會有這種事情發生？看來需要採取一些處置了。這部分是國際社會與聯合國都必須要關注的問題，我們也知道北韓強制派遣勞工到海外工作的狀況，那些國家也一樣要為北韓勞工的輸出負上責任。」

北韓當局不顧國家經濟崩壞，執意持續開發核武，並於二〇一六年一月首度聲稱已完成氫彈開發。開發核武的錢究竟從何而來？

在外勞工們不僅為北韓當局維持政權帶來相當大的助益，也對製作大量殺傷性武器有所貢獻。北韓所實施的海外勞工計畫相當獨特，是由當局直接與其他國家簽訂合約，目前有四十五個國家引進北韓勞工。北韓勞工經常在沒有充分安全設備的地方工作，任誰看過他們的工作現場，一定都會認為他們是奴隸。

馬來西亞與北韓建交以來，已維持四十多年的友好關係，但隨著二〇一七年二月發生金正男暗殺事件，兩國間的關係也陷入緊張。金正男是金正日的長子，同時也是金正恩的同父異母哥哥，他在二〇一七年二月六日入境馬來西亞，並在結束所有行程後，於二月十三日早上九點抵達吉隆坡機場，預計搭乘班機前往澳門，沒想到就在自助報到機前領取登機證時，遭受被推定為化學武器的物質攻擊而死。

馬來西亞不顧北韓的再三反對，表示將對金正男的屍體執行解剖

檢驗，並公開死因，結果北韓駐馬大使姜哲立刻召開記者會，強力抨擊馬來西亞政府，後來姜哲因這起事件於二〇一七年三月被驅逐出境，免簽證協定也全面廢除，北韓駐馬使館更在同年十月被全面收回。

不只如此，馬來西亞還加入對北韓制裁，並重新評估與北韓間的外交關係。

二〇一七年十月十三日，澳洲ABC新聞報導：「馬來西亞自二〇一七年一月開始到五月為止，從北韓輸入相當於六百四十二萬美元（約為七十二億五千萬韓圜）的產品，但六月與七月則完全沒有輸入任何東西。」這則新聞說明了馬來西亞政府禁止從北韓輸入產品與金正男暗殺事件有很大的關連。

馬來西亞長期自北韓輸入煤炭、醫療機材、照明產品、水產、消防器材等產品，是北韓賺取外匯的重要來往對象，可是事態演變至此，就連目前滯留在沙勞越工作的全部北韓勞工，也無法獲得延簽，往後他們是否還能繼續待在沙勞越工作也成了未知數。

金正男暗殺事件發生以後，北韓與馬來西亞間的關係陷入緊張。

05
波蘭的紅色盾牌

北韓人設立的波蘭公司

繼輸出俄羅斯與亞洲國家之後，北韓勞工也被輸出至東歐。自金正日時代起，北韓就陸續派遣勞工到捷克、羅馬尼亞、保加利亞、波蘭等東歐諸國，其中捷克持續輸入北韓勞工至二○○○年代初期為止，後因北韓派出的保衛部員榨取勞工的薪資所得，且生活遭受嚴密控管的事實曝光，二○○七年起就不再發給簽證，實際上等同於禁止繼續雇用北韓勞工。在那之後，羅馬尼亞與保加利亞也因類似理由禁止雇用北韓勞工。

東歐國家中，目前僅剩波蘭仍持續雇用北韓勞工，而且波蘭向來也是所有東歐國家之中輸入北韓勞工人數最多的國家。據說目前波蘭國內有十九家企業共雇用四百六十多名北韓勞工。

二〇一七年七月，波蘭境內一間位在波羅的海沿岸格但斯克市的造船廠裡，發生北韓勞工死亡事件。該名北韓勞工身上並未穿著防火服，身上的衣物在作業途中不慎著火，一瞬間就被火舌吞噬。他的身體燒傷面積高達百分之九十五，儘管當下立刻送醫，最後仍不治身亡。

　　我們在經歷數個月的追查之下，好不容易才和當初在那間造船廠裡工作過的北韓勞工搭上線，並透過電話訪問得知事件真相。目前那名勞工已離開格但斯克，轉往其他城市工作。

朴正鐵（假名） 在波蘭工作的北韓勞工

　　「我之所以會離開格但斯克，是因為人們對我們說了很多難聽的話，主要都是針對北韓的人權問題。他們不喜歡我們在他們的船上工作，就乾脆停止作業，最後甚至還取消契約。可我們是來這裡賺錢的，沒工作就沒錢賺。我足足有兩個月都沒拿到薪水。我們賺來的薪水也不知道都跑哪兒去了，真正拿到手的就只有一點點，還得拿那錢來繳黨費、買飯吃，收支根本不成正比。現在我得掛電話了，再跟你說下去的話，我大概會惹上麻煩。現在你問的太多了，我真的要掛電話了。我再打電話給你吧。」

　　格但斯克事件發生以後，雖然勞工們轉移陣地到別的地方，但至少可以確定他們仍留在波蘭工作。我們收到消息，說有北韓勞工在羅茲省羅茲市的建築工地工作，便立刻驅車前往。

　　一到了當地，我們便看到亞洲勞工工作的光景，為了確認他們

是否為北韓勞工，我們直接詢問管理人員，並得到肯定的答案。那位管理人員並告訴我們：「他們集體住在這附近的宿舍裡，每天一大早就出門上工，不知道是不是以前受過良好的訓練，總之他們工作表現都很好。」等到那群勞工們工作結束後，便立刻搭上一輛白色巴士離開，看似要回到位於附近的宿舍。製作小組一路在後面跟著，不出一會兒，只見巴士停了下來，車上的勞工們魚貫而下，每個人環顧周圍，明顯露出警戒的神情，我們很難找到方法安全地和他們對話。

接著我們又移動到另一間位於波羅的海沿岸斯賽新的造船業園區，並在園區內其中一間造船廠的入口向人詢問是否有北韓勞工在這裡工作，結果得知去年曾有過北韓勞工在此工作，但目前他們已經離開，並前往其他城市。我們雖然感到失望，但卻沒有因此而放棄。當我們離開園區走到大街上後，再次向人詢問，結果好運地問到曾在此見過北韓勞工的人。

他告訴我們北韓勞工旁邊總會跟著一個下命令的負責人，每當下午要進行作業時，他們總會搭上車窗塗黑的車子移動。

究竟是誰雇用並管理那些北韓勞工的呢？我們嘗試搜尋斯賽新的產業登記名單，結果發現一間特別引人注目的公司。那是間名叫紅色盾牌（Red Shield）的公司，公司負責人是一位叫做朴明鎬的北韓人，根據登記文件顯示，紅色盾牌的主要業務是為造船廠仲介勞工，每一個勞工的薪資約為四百七十歐元（六十萬韓圜）。我們前往登記文件上的住址，結果發現那裡只是一間廢校的老舊建築。不過，學校後面有一棟叫作「夥伴造船廠」的建物，我們向那棟建築

的管理員詢問關於北韓勞工的事情，對方告訴我們北韓勞工的宿舍就在這附近，還說他們很會做事。

製作小組為了委託他們維修工程，偽裝成招募工人的人力派遣公司，然後親自前往夥伴造船廠一探究竟。我們從當地人的口中得知，北韓勞工在斯賽新全域工作，而且不只在夥伴造船廠工作，也在其他公司工作。

對方還告訴我們，北韓勞工會說的波蘭話就只有「你好」、「請給我鑰匙」這兩句，平時不和不認識的人交談，似乎是怕有人舉發。

沒一會兒，出來接待我們的紅色盾牌北韓黨員是這麼說的：

李哲（假名）紅色盾牌北韓黨員

「我們這裡是派遣人力公司，關於雇用人力的部分，得和夥伴造船廠的老闆談，他們那邊才知道收益多少。我們勞工在波蘭就只負責工作而已，所以休假也只有無給休假，要是工程截止日前還有進度要趕的話，也會視情況取消休假。我們和波蘭人的工作方式不同，一天工作八小時以上，必要的話，可以工作十到十二個小時，而且不休息。至於休假則是一個月一次。」

根據波蘭外務省發布的資料顯示，持有波蘭政府發給之簽證的北韓勞工人數為四百多名，這些勞工在北韓黨員持續且徹底的監視下，被派遣到造船廠、建築工地、農業相關產業工作。

在遙遠的異鄉從事重度勞動

波蘭內雇用北韓勞工的公司，都是直接與北韓勞動黨所屬公司簽訂契約。北韓當局選擇了較複雜的派遣方式來輸出勞工，先透過人力輸出公司之綾羅道貿易會社和波蘭的企業簽約，然後那些企業再以仲介公司的身分將勞工派遣到當地其他公司工作。有時他們也會把勞工們偽造成個人事業主，再牽線引入。

這些連基本安全裝備都沒有的北韓勞工們，在波蘭一年可賺取約一千五百萬歐元（一百九十五億韓圜），但勞工們實際上幾乎拿不到半毛錢。

製作小組費盡千辛萬苦才和曾在格但斯克工作過的北韓勞工再次通話。那位勞工如今既見不到家人，也無法和家人通電話，經歷到的苦楚並非只有因重度勞動與當局壓榨所造成的經濟困頓，他還深深為憂鬱感與挫折感所苦。

朴正鐵（假名） 在波蘭工作的北韓勞工

「辛苦，當然辛苦。因為覺得太辛苦了，一到禮拜日就借酒澆愁，不然我太鬱悶了。我很想念家人，可是沒辦法和他們聯絡，平壤那邊的接線員會把從國外打去的電話都阻擋掉。為了養家活口，我才下定決心來這裡吃苦賺錢的，結果賺到的錢根本就沒多少，要是我們的薪水沒有按規定扣繳的話，就會受到相當嚴厲的處罰。另外，我們也不能自由地到處走動，不能和其他人來往，雖然我心裡也是

氣得要死，可是我也沒有辦法，只能一直喝酒，想辦法讓自己暫時忘記這種處境，不然我還能怎麼辦呢？」

波蘭已經決定兩年內將全數北韓勞工遣返回國，初步預計到二○一九年年底為止，境內北韓勞工將減少百分之六十。不過，波蘭政府已變更方針，決定將按照二○一七年十二月聯合國安理會第二三九七號對北韓制裁決議案，提前完成北韓勞工之遣返。另外，隨著工作許可證中止發給，目前在波蘭境內工作的北韓勞工可滯留期間也即將截止。

我們無法知道在波蘭工作的北韓勞工們被遣返之後，將對北韓經濟造成多大影響，但這些勞工的遣返，無疑是一個世界級的現象，相信也是金正恩急著舉辦「高峰會談」的一大要因。

為了解除北韓制裁，金正恩的抉擇

降至冰點的南北韓關係，不可思議地從金正恩的新年賀詞起展現破冰跡象，接著再經歷二月十日第一副部長金與正與文在寅總統的會談、二月二十五日統一前線部長金英哲與文在寅總統的會談、三月五日對北特使團與金正恩委員長的會談、三月六日南北韓高峰會談舉辦發表、三月九日川普總統允諾舉辦朝美高峰會談、四月一日金正恩夫妻參觀南韓藝術團公演，到四月二十七日正式舉辦南北韓高峰會談為止，以飛快的速度躍進中。到底金正恩放棄原本的核武

與經濟並進路線，並親自走上國際舞臺的理由為何呢？

金正恩在掌權後，便積極穩定政治體制並強化其權力，為了擴大人民的支持以作為政權之基盤，他打出了民生、愛民與經濟發展這幾張牌。如今看來，他說要打造一個不再讓人民餓肚子的富強國家之宣言，也許只是對於該如何賺錢作一個總結而已。在這種情況之下，將派遣勞工到海外工作視作國家事業，就成了活絡對外經濟與賺取外匯的重要手段。

根據韓國銀行的統計資料顯示，儘管目前對北韓制裁的局面依舊持續中，二〇一六年北韓的實質國內生產總值（GDP）仍較以前大幅改善。就「二〇一六年北韓經濟成長率推算結果」來看，北韓的實質 GDP 約比二〇一五年增加百分之三點九。這是繼一九九九年的百分之六點一之後，十七年來的最高值。

然而北韓的貿易數值卻不透明。二〇一七年英國《金融時報》曾報導北韓若因美國主導之經濟制裁而造成貿易赤字時，那麼二〇一八年將有可能面對外匯危機所帶來的打擊。若對北韓之制裁一直持續，則北韓的外匯存款總額就得拿去填補對中國貿易之赤字，並且有可能快速枯竭而盡。二〇一七年，北韓的對中貿易收支赤字達十七億美元，其中中國貿易又占了北韓貿易總量的百分之九十。二〇一七年聯合國安理會通過對北韓制裁之決議案，要求各國在二〇一九年年底前遣返北韓勞工，事實上就是掐斷北韓經濟命脈的手段。

在對北韓制裁下苦苦掙扎的金正恩必須有所決斷，看是要繼續這樣下去，造成社會經濟的崩塌，從此掉落世界邊緣，成為被孤立的國家，還是要找出突破口，走出現在的困境。

金正恩已別無選擇，他必須展現出北韓是個正常國家的樣子，同時讓南韓與全世界都認為他是個熟於內政與外交的正常領導者，唯有展現出正常國家的風貌，才能讓支撐北韓經濟的美元英雄們繼續在海外工作，為國家賺取外匯。

金正恩夢想中的國家並不只是不會讓人民餓肚子的國家，他夢想的國家是高度成長並超越中國的強盛大國。北韓目前的經濟開放與正常化已達一定程度，為了吸引外國投資北韓，他設立了經濟開發特區，只要對北韓制裁的壓迫能夠解除，北韓將有可能迎來高度的經濟成長，因為北韓擁有優秀的人力、傑出的 IT 技術能力、輕工業的競爭力、豐富的地下資源，還有優良的地理位置，可作為與中國及歐亞大陸相連之物流轉運中心，充滿了許多發展的潛力因素。

當然，由於透過開放使北韓慢慢地在西方社會中曝光，也讓北韓人民對於民主社會的意識產生變化，這將會使北韓在政治與社會陷入進退兩難的狀況，也就是說，當經濟透過開放與改革而成長時，北韓的體制就會受到威脅。不過中國在經濟成長的同時，成功地維持住既行體制，金正恩必定會將中國式改革與發展當作模範。

受到全世界矚目並華麗登上國際舞臺的金正恩，結束板門店宣言並成功舉辦的南北韓高峰會談，預料都將對朝美高峰會談產生影響。金正恩的選擇能否能成為重建北韓經濟的踏腳石？到目前為止，種種跡象都顯示他的選擇正確無誤。

註釋

❸④—— 譯註：中國習慣稱北韓為朝鮮，這裡原文也是按照中國使用的稱呼，所以譯文保留原文用法，不更動為北韓。

❸⑤—— 自由沙勞越電台常駐廣播員，達雅族人，工作宗旨是打破馬來西亞國營電台的資訊壟斷，揭露東馬沙勞越州執政者的貪污腐敗。

★第四部★
開啟新時代的朝鮮半島

01
北韓到南韓之間，
一步之遙

小小的一步，卻是偉大的成果

有誰想過南北韓最高領導者竟會奇蹟似地同框出現在板門店軍事警戒線前，並彼此緊握著對方的手？「我無法按捺心中的激動。文在寅總統居然親自到分離線這裡來迎接我，真是太讓我感動了。」在聽到金正恩委員長的這一席話，文在寅總統答道：「委員長能親自走到這裡，就如同您說的，是果斷的決定。」

南北韓的距離，只要一步就足以跨越。

把朝鮮半島一分為二的，不過只是五公分寬的一道水泥坎，在這個乘載著歷史傷痛的歷史現場，南北韓的領袖笑瞇瞇地分別由分界線的南端跨到北端、北端跨到南端，兩人就像孩子般露出燦爛的表情，每跨出一步，就越緊握著對方的手。雖然這只是一小步，但卻

二〇一八年四月二七日,南北韓的最高領導者一起出現在板門店軍事分界線前,並彼此緊握著對方的手。

是偉大的一步,朝鮮半島在此刻開啟了新的歷史篇章。

　　就在南北韓領袖跨越板門店的分界線時,來自世界各地並聚集在新聞中心的記者們,給予了不間斷的掌聲與歡呼,甚至還有人雙眼嚙淚,一副回想起往事、忍不住心中激動的樣子。這個時候,大家共同參與了歷史的一刻。

　　在南北韓分裂以後,金正恩是第一位跨越軍事分界線的北韓人。由於是相隔十一年以來再度舉辦的南北韓高峰會談,北韓派出的隨行人員也格外引人注目。在此之前,極少對外露面的軍、黨首腦於此時同聚一堂,我們又該如何看待這個罕見的風景?我們請教了前統一部長官李鍾奭的看法。

李鍾奭
前統一部長官

「金正恩應該已經了解，只要成為懸案的非核化問題與南北韓軍事緩解問題未獲得解決，雙方就不能如他所願進行經濟合作，因此他才會帶著軍方首腦與外交高層一起與會。」

為了南北韓高峰會談而到訪和平之家的金正恩，在訪客芳名錄上所題字句雖短，但卻足以表現出他的心情：

「歷史新頁就從此刻開始。和平的時代正站在歷史的起點」。

WAR IS OVER

促使一九五〇年韓戰爆發者並非南北韓，而是聯合國軍隊與中共軍隊。雖然一九五一年七月曾在板門店舉行停戰會議，但在百般曲折之下，直到一九五三年七月二十七日才正式締結停戰協定。然而在這場討論韓戰停戰協定的會議之中，韓國卻沒能出席，於是韓戰協定最終由聯合國、北韓與中國三方完成協議，結果並非完全停戰，而是中止戰爭。在那之後，已過了六十五年，期間儘管南北韓之間隔著將朝鮮半島畫分為南北兩側的非武裝地帶，但也一直都未能處在真正和平的狀態，僅南韓一側維持和平。

板門店一直都處在緊張的狀態之中。一九七六年八月，北韓軍

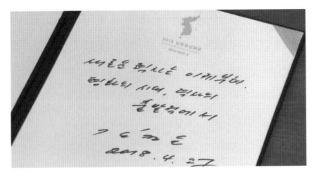

金正恩於和平之家的訪客芳名錄簽下大名。

板門店斧頭殺人事件　1976年8月18日

DMZ木箱地雷埋設事件　2015年8月4日

一九五三年韓戰協定簽訂後，板門店總是籠罩在緊張的氣氛下。

以斧頭砍殺美軍的板門店斧頭殺人事件，使得朝鮮半島再度戰雲籠罩，局面變得危險而緊張。之後，悲劇不斷地上演，二〇一五年八月的DMZ木箱地雷埋設事件，就讓許多年輕人平白流下寶貴的鮮血。

之所以如此懇切期望確實終戰而非僅是中止戰爭的理由，就是為了不想再有任何無辜的生命犧牲。

充滿痛苦回憶的板門店，如今已成為南北韓首腦會議的象徵地。

金正恩
朝鮮民族主義人民共和國國務委員長

「我一邊想著只要我們隨時會面，齊心一志地解決眼前的問題，就不會讓過去失落的十一年時光變得無謂，一邊滿心感慨地走了兩百公尺。今天我要以謙虛、真摯且真誠的心意和文在寅總統相會，希望我們的交流能帶來好的結果。」

文在寅
大韓民國總統

「在金正恩委員長最初跨越軍事分界線的那一瞬間，板門店不再是南北韓分裂的象徵，而蛻變為和平的象徵。希望今天我們能夠盡情暢談，並達成協議，為全世界祈求韓民族和平者送上一份大禮。」

兩名領導者就坐在人行橋尾端的板凳上，在撤下隨行人員之後，

造成世界話題的板門店人行橋會談。

彼此真誠地進行對話與交流。

這場被稱為「板凳會談」的交流，持續了三十多分鐘，隨後兩人在下午五點左右，共同發表了協議內容。

文在寅
大韓民國總統

「今天金正恩委員長與我確認了透過非核化來打造無核之朝鮮半島，為我們的共同目標。我們也協議透過終戰宣言與和平協定，來終止朝鮮半島的不穩定停戰體制，以追求永久且穩固之和平。」

金正恩
朝鮮民族主義人民共和國國務委員長

「我們都認為最重要的就是讓全體同胞在沒有戰爭的和平國土上，努力創造繁榮與幸福的新時代，對此，我們也協議要找出可實行的對策。此外，我們也決議要履行已簽訂的南北韓宣言及所有協議，開啟改善與發展兩韓關係的新局面。」

　板門店宣言是寫下歷史新頁的宣言，此後兩韓間的關係，必然會產生很大的變化。那麼，具體而言，又會有什麼變化呢？曾直接或間接參與南北韓對話的韓東大學金俊炯教授是這麼說的：

金俊炯
韓東大學區域研究教授

　「我想年底有可能發表終戰宣言，並且雙方將規畫出一份藍圖，指引兩韓在實施包括非核化在內的各種和平體制對策之後，簽署和平協定。我認為這才能讓被稱為內戰最後堡壘、內戰最後存在的朝鮮半島走出內戰體制，迎來新的歷史篇章。」

　二〇一八年板門店宣言對於達成終戰宣言與完全非核化宣言之協議，具有相當大的意義。兩位領導人的熱情相擁，顯示出彼此心中的激動，也引起了記者中心裡的熱烈反應，各國媒體就在如此令人感動的氣氛中，將現場的第一手消息傳遞到世人眼前。

　即將與金正恩舉辦朝美高峰會談的美國總統川普，也表現出了他的反應。他在推特以大寫留下「韓戰結束（KOREAN WAR TO

END）」的留言，並表示美國對韓國目前正發生的事情感到驕傲。

　熟諳韓國近現代史的世界知名權威專家，同時也以《韓戰之起源》一書而聞名的布魯斯・卡明斯教授，如此評論本次南北高峰會談所言之終戰定義：

布魯斯・卡明斯 Bruce Cummings
芝加哥大學客座教授

　「往後派駐在 DMZ 兩側的軍隊，有可能會進行撤退，同時也有可能開始清除埋設在 DMZ 地區的數千個地雷。這是非常重要的一點。我不認為結束停戰體制並達成和平條約有技術上的問題，問題關鍵就出在美國與北韓間的關係能否恢復正常，只要雙方關係恢復正常，那麼就能簽訂和平條約。」

　停戰協定簽訂以來，雖然朝鮮半島實際上並未發生戰爭，也無軍事上的敵對行為，但具體上的處置與措施卻讓人惋惜稍有不足。因此，為了緩解軍事緊張，能夠實質表明終戰意志、非核化、建構朝鮮半島和平體制的終戰宣言，可說是二〇一八年南北韓高峰會談結束後的耀眼成果。

02
北韓的變化，
就從經濟開始

市場改變了北韓人民的生活

二〇一八年的平壤街頭，隨處可見穿著豔色衣物與持有手機的居民，就連過往建築物水泥外牆上用紅漆標示的金日成標語，也已不復見，展現出令外界相當驚訝的轉變。究竟北韓發生了什麼狀況？

林乙出
慶南大學遠東問題研究所教授

「回顧二〇一三年下半年，就可以發現驚人的變化。當時北韓已完成各種娛樂設施、居民方便使用的便利設施，以及事關民生飲食的大型超市等綜合設施。」

二〇一八年的平壤街頭，隨處可見穿著豔色衣物與持有手機的居民。

在掌權後，金正恩就以提升人民生活為目標，並接納部分市場經濟要素。目前北韓全國受官方認證的市場（綜合市場）有四百八十幾座，究竟北韓的市場代表什麼意義呢？

朴漢淑 二〇一五年脫北

「北韓的市場大概除了貓角以外，什麼都有，哪怕你真的想要一

市場肩負引爆北韓經濟與社會變化之角色。

根貓角，那裡都能做出來賣給你。那裡也賣南韓的東西，韓國的服裝幾乎每個人都買過，北韓的市場能滿足所有顧客的需求。」

金正恩透過各種經濟計畫措施來活絡國內經濟，以作為施政主力，另一方面，也提出人民大眾優先主義。

二〇一七年，金正恩曾在新年賀詞提到：「新的一年又開始了，我的心情卻很沉重，煩惱著該如何照顧一直這麼相信我、支持我、對我最好的人民。去年的我，空有一番理想，卻力有未逮，對此我感到相當自責，今年我必定會更加努力，並且全心全意地為人民服務，替人民創造更多機會。」

金正恩在接受後繼者教育的時期，不同於被外界稱為隱遁之指導者的父親，曾前往歐洲留學，因此獲得個性更開放、更偏向實務的評價。在比較金正日與金正恩時，考量金正日當初因在宣傳鼓動部接受後繼者教育，接觸較多文化藝術，相反的，金正恩是從砲兵學

因北韓持續進行核武試驗，聯合國決議通過強力的對北韓制裁。

校接受教育，所以懂得駕駛飛機與了解 IT 產業。再加上他曾有過在西方國家的生活經驗，所以很清楚為了讓北韓政權體制穩固、並兼顧個人生存，必須做出什麼選擇。

雖然目前他只是個被國際社會孤立且飽受制裁的國家領導人，但心中肯定也有抱負，期許自己成為一個不落人後的領導人。

在金正恩掌權的第二年，也就是二〇一三年的三月時，曾在朝鮮勞動黨中央委員會中提到「黨中央在現在的情勢與革命發展的要求下，針對經濟建設與核武建設之發展，提出全新戰略路線」。北韓按照經濟與核武同時發展的並進路線方針，在金正恩掌權的六年期間，一共進行過四次的核武試爆，以及數十次的導彈試射，持續發展核武技術，最後於二〇一七年十一月發表國家完成核武開發之大業。

可是這樣的行為卻招致來自美國前所未有的強力制裁，對經濟與

軍事產生極大的壓力。

　　金正恩自二〇一三年選擇實施並進路線以後，國際社會對北韓的持續壓迫有增無減，就連長久以來的友邦中國也不例外。中國連海上貿易都予以阻絕之後，北韓便漸漸地被逼到懸崖邊緣，無路可走的金正恩因此被迫走到協商桌邊。

文正仁
延世大學名譽特任教授、總統統一外交國家安全特別輔佐官

　　「美國阻擋對話渠道，並開始施加制裁與壓力，試圖讓北韓持續遭受國際社會的孤立。過去北韓十分依賴中國，但中國也加入聯合國安理會通過的制裁決議案，積極對北韓施壓。考慮到施政目標只達成了核武發展這一項，可看出川普號召施壓已達到一定的效果。目前北韓的經濟發展是亟待解決的問題，倘若金正恩因此而無法收服人心，那麼他又如何能統治北韓？若要獲得人心，就得盡快活化經濟。」

　　根據並進路線為基礎所進行的核武開發，使得兩韓關係陷入沉重又黑暗的膠著狀態。未料，此時卻發生劇烈的反轉，北韓竟以二〇一八年平昌冬季奧運為始，與南韓開啟了對話之窗，在那之後，甚至還舉行了南北韓高峰會談。回顧這一切歷程，簡直是超乎現實、不可思議。

北韓夢想中的中國模式與越南模式

　　如今正一步步甩開制裁，狀況逐漸好轉的北韓，往後的經濟發展將會更加蓬勃。目前北韓已經開放綜合市場，並擴大企業的自律性，來構建市場經濟之基礎。那麼北韓是以哪個國家的模式為範本呢？我們認為在同為社會主義之體制，且經濟獲得成長的國家之中，中國與越南是可參考的範本，尤其金正恩的夢想是要打造強盛大國，選擇參考標榜社會主義之同時，成功實施開放與改革的中國模式機率較高，而且中國向來就是北韓對外貿易依存度最高的國家，更具參考價值。

　　金正恩在南北韓高峰會談前一個月，曾非正式訪中，與習近平主席會面，那也是在他掌權以後，第一次與海外元首們協商。據說金正恩訪中期間，還走訪了有中國矽谷之稱的中關村，仔細觀察其運作。

二〇一八年三月，金正恩非正式訪中，與習近平主席會面。

175

從三月與習近平主席會面起，歷經四月的南北韓高峰會談、六月的朝美高峰會談，在在顯示金正恩的力量足以推動高峰會談的舉行，而且也成功地給國際社會留下深刻的印象。同時身為北京大學國際關係學院之教授，與中國人民政治協商會常務委員的賈慶國先生，是這麼解釋的：

賈慶國
北京大學國際關係學院之教授，與中國人民政治協商會常務委員

「就理性思考而言，放棄核武才是正途，同時也要想辦法取得中國與其他國家的支持。不只如此，還必須要透過改革開放來提升國家發展，使經濟得以繁榮、國力變得強大。這就是中國曾走過的路，也是越南與其他國家仿效過的路線，更是成功獲得驗證的結果。」

越南雖然和中國一樣都是社會主義體制，但多虧打贏越戰並完成國家統一的領導人胡志明之福，越南很早就採行實務主義之路線。歐巴馬在任時，越南與美國恢復建交，並迅速進行開放與改革。開放以後，越南首先與印尼、馬來西亞面臨競合，同時竄升為「製造業三國」。對於勞動力成本低廉，素質又高的北韓來說，已成為新興製造業強國的越南，將是他們特別留意與仿效的對象。

據悉，北韓已經針對越南的改革開放模式進行許多研究。當局透過金日成綜合大學與社會科學院，培養許多專攻經濟領域的菁英，金正恩已在二〇一二年便指示這些菁英們進行社會主義改革開放模

越南與美國修復關係以後，經濟獲得快速成長。

式的研究。

在經過長達十年並造成許多無謂犧牲的越戰之後，美越兩國於一九九五年完成建交，二〇一六年歐巴馬總統訪越時，更宣告解除持續五十年之久的對越武器輸出禁令。越南在與美國修復關係後，正式走上改革開放之路，經濟也飛快地成長。越南人民們也改變態度，出自熱忱地迎接一度曾為敵對關係的美國元首，兩國間日積月累的不信與誤解，就此煙消雲散，雙方開始互相信任對方。

文莫瑞・赫伯特 Murray Hiebert
美國戰略國際問題研究所 CSIS 前研究員

「一九七五年越戰結束後，美國與越南之間仍花了長達二十年的時間，才得以修復雙方關係。累積信用與互相信任是需要時間的，但哪怕曾為敵對關係，只要兩國都抱持著正視現實並努力改善現況

的意志，那麼就有可能走向繁華。」

北韓是否真能像美國與越南那樣，與南韓重新締結新的關係呢？

關鍵就在於非核化。金正恩在二○一八年四月二十一日發表了中止核彈試爆與洲際彈道飛彈（ICBM）的發射，為了保證中止核彈試爆的可信度，當局甚至開始關閉位於咸鏡北道吉州郡豐溪里的核試驗場。另外，北韓還揚言只要不受任何核武威脅或挑釁，就絕對不會使用核武。此用意為趕在南北韓高峰會談與朝美高峰會談之前顯示非核化之意志，同時也意味著放棄並進路線，全力集中進行社會主義經濟建設。

外界對美國總統川普與金正恩發出之宣言，給予相當高的評價，同時也提高了對朝美高峰會談的期待度，對於金正恩甚至還給出「思想開放，能力傑出」的讚言，與當初批評金正恩是「核武瘋子」時，呈現出完全不同的狀況。

03
全世界關注
朝鮮半島變化的理由

美國國內對北韓強硬派的變化

金正恩的態度變化，在美國華盛頓也刮起了一陣旋風。最具代表性的對北韓強硬派、共和黨上議院議員吉姆‧里施，曾在二○一八年二月慕尼黑安理會中公開批評北韓與金正恩。

吉姆 ‧ 里施 James E. Risch
共和黨上議院議員

「北韓若動用核武，將會造成文明史上最大的悲劇。核武將會很快結束一切，並造成大規模的傷亡，要是北韓持續進行核武開發的話，一切都會在瞬間滅亡。而核武的動用與否，操之於川普總統的

手中。我尊重任何人對此狀況的任何意見與看法，但我拜託大家，此刻千萬不要無視擺在我們眼前的現實。我很抱歉說出讓大家覺得恐懼的話，但這就是我們現在面臨的現實。」

可是，最近他的想法改變了。他近期在華盛頓的發言與當初在慕尼黑時有所不同。

吉姆 ‧ 里施 James E. Risch
共和黨上議院議員

「雖然我無法得知金正恩委員長的想法，但很明顯的是，在川普總統的壓迫政策之下，他的態度已有所轉變，我認為這出自於他心態上的變化。金正恩委員長願意變更路線，是非常睿智的決定。倘若他執意堅守原本的舊路線，那麼他將對自己與所有人招來不幸的結果，所以我說他這是睿智的決定。」

儘管如此，美國國內並非全然正面看待朝美高峰會談，至今仍有不少人對此抱持著無法信任的態度。在南北韓高峰會談之前，美國的政界高層巨頭齊聚首爾，並在研討會中不斷提出對北韓的質疑。

車維德 Victor Dong Cha
美國國際戰略研究中心（CSIS）韓國首席

「越是在危險的狀況中，做出打破常識的行動，失敗的機率就越高。我認為現在正是那樣的狀況，危險性極高，若這些打破常識的行動能帶來良好的結果，固然是了不起的成就，但如果不能導出良好的成果，至少也不能造成任何災難。我擔心在現在這麼危險的狀況中，要是會談結果失敗的話，將會引發難以想像的災難。」

埃文斯‧雷維雷 Evans Revere
前國務部副助理國務卿、布魯金斯學會前研究員

「金正恩委員長曾說核武就是國家之劍，還說現在這把國家之劍已經打造完成，這根本不是放棄核武的約定，是向世人告知完成核武開發的宣言。就是因為已經完成開發，所以他才會表示可以中斷並願意展開對話──以一個核武擁有國的身分道之。」

美國國內媒體也展現出謹慎的態度。《芝加哥論壇報》就於二〇一八年四月二十五日發表一篇以「川普與北韓的高峰會談將一事無成」為題的報導，內容絲毫不掩藏對北韓的質疑，顯見華盛頓並未因為北韓的態度轉變而放鬆警戒。

認為朝美高峰會談將不會有任何結果的《芝加哥論壇報》。

約瑟夫・R・德特拉尼 Joseph R. DeTrani
前美國對北韓協商大使

「我們都記得金正恩曾說過尚未做好非核化的準備，所幸現在北韓當局表示已做好非核化的準備，我們才會接受這個說法，也認為這是正向的發展。可是，我們得知道金正恩究竟是出自於什麼想法才會表示願意放棄核武。在南北韓高峰會談，以及與川普總統的會談中，他所說的非核化究竟是什麼意思？他對於穩定體制之保障的期待又是什麼？這些都是我們必須了解與掌握的部分。」

美國與北韓是否真能做出完全非核化的協議？二〇一八年四月十二日，麥克・蓬佩奧的國務卿內定聽證會就是值得我們從這一點去深度觀察的事件。當時在聽證會上，麥克・蓬佩奧接受了眾

多關於非核化的質問，面對共和黨上議院議員傑夫・佛雷克「你會擔心在美國政權更替之後，北韓是否繼續遵守其諾言嗎？」的質問，他是這麼回答的：

麥克・蓬佩奧 Mike Pompeo
美國國務卿

「當我們對於他的核武計畫提出完全、可驗證、不可逆的非核化時，他心中所想的是政權的安危、對於北韓體制的保障。他要的是一張協議書，並且為了取得協議而開出條件，因為他得保護他那失去核武的國家。關於非核化這問題，過去幾十年來，沒有人認為能夠成真，也沒有人認為能夠在高峰會談中一次談成所有協議，可是如今雙方卻願意開出彼此都能接受的條件，且雙方的領導人要針對這些條件進行協商。我樂觀看待美國將提出適當的條件，兩方的領導人將透過會談導出外交成果。」

解開北韓經濟問題的金鑰匙

二○一八年四月，文在寅在招待各家媒體社長的聚會中表示：「北韓目前正向國際社會表明完全非核化的意願，同時也對我們表達願意積極對話的意思。而朝美兩方也在肯定雙方積極交流的意志當中，著手準備高峰會談，並向彼此展現出成功舉行會談的善意與

努力。直到目前為止，我們一直都和美國共享所有訊息，彼此進行協議與互相幫助。」

不管是南北高峰會談，還是朝美高峰會談，非核化都是最重要的主題，北韓的經濟困頓問題端看當局如何解決這個問題。

金俊炯
韓東大學區域研究教授

「美國過去不是曾以北韓核武問題之原則，提出 CVID ㊱嗎？其中的『C』也就是『完全』，是最重要的一點，因為所謂的『可驗證（V）』與『不可逆的（I）』這兩點，說到底就只是一種方法論而已。那麼這代表什麼意思呢？直到目前為止，關於非核化這個問題，各界都懷疑南韓與美國所想要的結果和北韓所想要的結果並不相同，可現在他們堅稱大家的想法都一樣。既然是北韓試圖展現誠意，且主動提及非核化的可能性，那麼我認為『完全』這字眼才是真正重要的關鍵所在。」

美國川普總統與文在寅總統，以及金正恩國務委員長，正透過持續的溝通來交換意見，三個國家的關係也越來越緊密。永久且完全的非核化將視朝美高峰會談的結果而定，約瑟夫 ‧ R ‧ 德特拉尼就曾說過，針對這個問題，已經有所協議。

約瑟夫・R・德特拉尼 Joseph R. DeTrani
前美國對北韓協商大使

「事實上，在二〇〇五年的《9.19 共同聲明》當中，已經有所協議。那是一份概括性的共同聲明。我們曾針對包括非核化與建立聯絡辦事處在內，所有有關穩定保障等因素進行議論，美國對此作出承諾，保證不利用常規武器或核武攻擊與侵略北韓，而那些承諾就包含在這份共同聲明之中，內容主要為建交、和平協定，以及積極改善與美國間的關係等。」

二〇〇五年九月當時參與六者會談的負責人們，於北京舉行第四次會談，並共同簽署了一份協議，以解決北韓核武問題。而這份協議，正是包括北韓非核化與朝美間信賴關係之建構等承諾的《9.19 共同聲明》。

簽訂《9.19 共同聲明》的六者會談負責人。

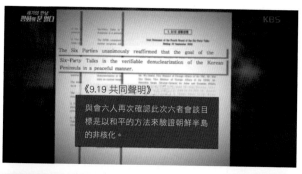

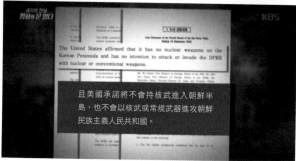

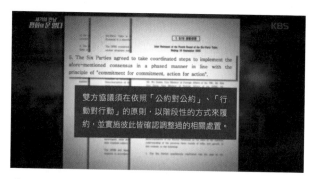

《9.19 共同聲明》主要內容。

該協議的主要內容為「與會六人再次確認此次六者會談的目標是以和平的方法來驗證朝鮮半島的非核化,且美國承諾將不會持核武進入朝鮮半島,且不會以核武或常規武器進攻北韓」。雙方協議須在依照公約對公約、行動對行動的原則,以階段性的方式來履約,並實施彼此皆確認調整過的相關處置。

六者會談圍繞著北韓非核化之問題來進行協商,帶領朝鮮半島面臨前所未有的新局面。究竟北韓與美國是否能透過朝美高峰會談完成朝鮮半島非核化的協議?

趙成烈
國家安保戰略研究院首席

「照川普的說法,就是『Big bang approach』,所以我認為全面達成協議的可能性很高。在目前檯面下一直保持往來溝通的狀況之下,北韓與美國的動向顯示出,雙方正針對協議與否進行商討,若最後雙方能坐上談判桌,我認為將有可能在朝美高峰會談中就非核化達成協議。」

布魯斯 ‧ 卡明斯 Bruce Cummings
芝加哥大學客座教授

「就我過往所有關於北韓的經驗來看,北韓所想要的是在每個階段讓步,藉此得到美國也跟著對北韓做出退讓的保證,而北韓也

一直執著在此方面。如果美國願意有來有往、有失有得，那麼一切都會朝向理想的方向前進。我認為非核化的過程將會艱難且漫長，但也會徹底被執行，只不過這前提必須建構在美國願意拿出等值條件，用以交換北韓放棄核武與導彈之上。」

二○一八年四月二十七日，是世界歷史寫下全新篇章、並震驚世人的一天。當金正恩步行兩百公尺走向板門店南韓側的和平之家，並跨越軍事警戒線進入南韓境內，他的那一步便開啟了新的起點，而我們現在也總算能往前跨出一步。南北兩韓若想在互相滿足的狀況之下與周圍國家建立起友好關係，就需要付出更久的時間與更大的耐心，不管忍耐過程有多苦，最後得到的果實必然香甜無比。

長久以來的希望，嶄新的時代

文在寅總統與金正恩國務委員長，於二○一八年秋季再次舉行高峰會談。在那之前，文在寅將會與各國首腦進行會晤。首先，在六月舉辦朝美高峰會談之前，文在寅將與川普會面，並分享南北韓高峰會談之結果，接著再與朝鮮半島周邊列國舉行韓、中、日高峰會談，最後再去拜訪俄羅斯的普丁總統。

普丁曾如此評論：「南北韓高峰會談的結果，將成為往後建構朝鮮半島和平的基礎。」他還提到「南北韓高峰會談所討論出來的結果，並非尋常的案例。這可是在朝鮮半島這種複雜背景之中，克服

種種困難，才能獲得的成果」，並對兩韓日後的關係變化表示積極且肯定的態度。

若南北兩韓與俄羅斯締結經濟合作關係，那麼俄羅斯的鐵路、天然氣、電路等，將有可能經由朝鮮半島一路連結到西伯利亞。而在朝鮮半島，人們一直以來也半開玩笑、半做夢似地說要從朝鮮半島經由俄羅斯通往歐洲，要不是那條軍事分界線擋在中間作梗，這雄壯的歐亞大陸遠征之夢，就有可能成真。

為了將停戰協定轉為和平協定，南北韓高峰會談所發表的板門店宣言內容，就包括了推動南韓、北韓、美國的三者會談，以及南韓、北韓、美國、中國的四者會談等事項。就目前情勢而言，當韓美高峰會談與朝美高峰會談結束後，南韓、北韓、美國的三者會談便有機會浮上水面，舉行南韓、北韓、美國、中國四者會談的可能性亦不低。

我們認為北韓與周邊國家的接觸將會變得更加積極活絡。如今金正恩已正式登上外交舞臺，未來將有可能與美國、中國、俄羅斯及日本進行對話。中國的國務委員兼外交部長王毅，就曾接受北韓外務相李英浩的邀請，於二〇一八年五月二日到三日間訪問北韓。外界多認為舉行中朝高峰會談的可能性升高，且習近平將會在朝美高峰會談結束以後親訪北韓，舉行雙方會談。

朝俄高峰會談的可能性也正逐漸升高。二〇一八年四月，外務相李英浩曾拜訪俄羅斯，並與俄羅斯的外交部長拉夫羅夫會晤，從當時會面結果看來，拉夫羅夫有可能率團前往北韓商討舉辦朝俄高峰會談事宜。雖然目前朝俄高峰會談尚未具體完成規畫，但外界推測

極有可能舉行，且文在寅將會扮演居中斡旋的角色。另外，在安倍晉三與文在寅的通話當中，曾提及「日本也將尋求和北韓對話的機會」，並向文在寅表示「若有必要，將會請求協助」，對此，文在寅則回應「會積極協助」。

全世界正以朝鮮半島為中心展開議論。長久以來殷殷期盼和平的兩韓人民的心願，正推動著時代巨輪，打開新的一道窗。

註釋

❸⑥—— 指的是「完全」（Complete）、「可驗證」（Verifiable）、「不可逆」（Irreversible）、
　　「銷毀」（Dismantlement）等四大原則。

鳴謝

全世界的國營電視頻道之典範，當屬英國 BBC。BBC 曾製作過一部叫做「廣角鏡（Panorama）」的節目，是從一九五三年起開始播出，為全世界播出時間最久的時事紀錄片（『KBS Special』也一度把名稱更改為『KBS Panorama』），至今仍於每週一的黃金時段播映，極具影響力。

二〇一八年四月，「廣角鏡」播放了關於海外北韓勞工的實態紀錄，節目採用「誰能撼動北韓：第二篇 美元英雄」約三十分鐘的影片，經過重新編輯後播出，並在片尾的版權標示上，將 KBS 製作小組標示為共同導演與製作。

看著我們拍攝的影片在海外播出，心中真是百感交集。

德國的 ARTE 電視臺也採用我們拍攝的片段，連續兩日共播出

六十分鐘的份量。「美元英雄」其實是國際共同製作計畫，出自據點位在丹麥之 WHY 財團所投資的共同製作紀錄片系列，並透過全世界的國營電視臺播出。作為共同製作夥伴的德國 a&o buero production，也獲得德國國營電視臺 ZDF 的資助來進行拍攝。雖然部分節目會像 BBC 那樣，經過重新編輯再行播出，不過絕大多數都是採用德國電視臺的編輯成品進行播出。

我們是初次參與這所有過程，每一個經驗都讓人感覺很有意思。由於這是先將拍攝地區畫分為歐洲與亞洲，然後再交由每個小組各自進行拍攝，最終再以共享形式播出，所以在編輯過程當中，大家需要不斷以 email 提出質詢與回應，不管是針對拍攝內容中的每一個事件進行仔細檢查，還是討論畫面該如何打上馬賽克、哪個部分需要進行變聲處理，都經過反覆的追蹤與確認。我們在觀看最終剪輯成品時，才真正感受到歐洲與韓國的影片敘事風格差異。

國際共同製作的這一部分，固然是很好的經驗，但收集北韓權力菁英階層的大數據與社會網絡分析等各種深層調查，也著實讓我們學習了很多。那也是我們初次接觸的領域，在過程中，一直感受到自己對北韓一無所知，只能更加努力搜尋資料。當我們離開事件現場，初次坐在電腦螢幕前一筆一筆地將資料填入表格時，只覺得作業時間既無聊又漫長，沒想到以海量資料為基礎，並動員各種統計學方法所彙整出的北韓權力動向，讓自以為已經對北韓有所了解的製作小組感到一連串的驚訝。

透過北韓權力菁英的更迭，我們發現金正恩的個性比我們想像中還要縝密，是個國政目標非常明確的指導者。由於北韓奉行一人獨

裁體制，我們也曾在小組會議中懷疑針對北韓進行理論上與學理上的分析意義何在，但看了分析結果以後，才發現北韓是個有系統、有施政藍圖的國家。製作小組最後得到的結論是，千萬不能小看這個在南北分裂七十多年以後，能夠一口氣規畫與準備南北韓高峰會談與朝美高峰會談的國家。

紀錄片的播映，一直以來就不是製作人一人的成果。「KBS Special」製作小組組長高楨勳製作人，一直在背後默默幫助我們，從來不會拒絕幫我們處理瑣碎小事；李仁健製作人一直忙著幫我們跑各種文件的行政流程，忙到自己婚禮的前一天，都還在到處奔波；閔惠珍腳本作家長時間地陪伴在我們身旁；包括趙允煥攝影師在內的拍攝組員，對於外派到俄羅斯極地，直闖北韓勞工宿舍進行拍攝的苦差事從未表現出遲疑或躊躇；協助我們整理無數資料，並製作出令人刮目相看成果的高麗大學公共政策研究所金以斯拉小姐，可說是我們節目播出的另一主力。我還想將功勞獻給與德國共同製作途中，為我們搭橋聯繫的月光電影公司裴圓貞代表，以及超越國境、協助我們許多的德國 a&o buero production 的 Tristan Chetrosiko 製作人。另外，所有名字曾出現在版權標示上的工作人員，以及曾經給予大大小小協助的前後輩們，要是沒有你們的支援與鼓勵，這個作品是不可能完成的，在此致上我最深的謝意。

除此之外，我還想將功勞獻給幾位人士：爽快答應將紀錄片以書本形式呈現出來的 KBS Media 申智善女士、Gana 出版社劉多亨與徐仙幸。

感謝你們將已經播出的節目化成活字，讓這些訊息得以在必要的

時候呈現在眾人面前。

　　最後，作為一個經常因公出差而不在家的老公與孩子的爸爸，我要特別感謝我的老婆與理瑞、理載這兩個孩子，我愛你們。多虧你們，才能讓這一切完成。

　　二〇一八年六月
　　KBS 企畫製作局　柳宗勳

參考文獻

◎ 「KBS 特別企畫 金正日」，KBS，二〇一一

◎ 「KBS Special 拿掉高英姬的面紗」，KBS，二〇一二

◎ 「KBS Panorama 金正恩與韓美中的進退兩難」，KBS，二〇一三

◎ 「KBS Special 朝鮮半島 講述金正恩的一年」，KBS，二〇一三

◎ 「KBS Special 朝鮮半島 開啟電影之門」，KBS，二〇一八

◎ 「北韓的市場化現況與經濟體制的變化展望」，鄭炯根，李石，金炳延，對外經濟政策研究院，二〇一二

◎ 「二〇〇〇年代北韓經濟綜合評價」，楊問秀，李碩基，李英薰，趙奉憲，產業研究院，二〇一二

◎ 「金正恩時代的北韓經濟體制變化展望與啟示」，金碩鎮，統一經濟，二〇一二

◎ 「俄羅斯的極東開發與北韓勞工」，李榮亨，統一研究院，二〇一二

◎ 「金正恩時代的北韓教育政策、教育課程、教科書」，趙貞雅，李校德，姜虎在，鄭彩冠，統一研究院，二〇一五

◎ 「金正恩時代北韓勞動黨中央委員會政治局所扮演的角色」，政治局勢與政策，二〇一五

◎ 「北韓勞工的海外派遣政策推移與展望」，李容熙，國際通商研究，二〇一六

◎ 「俄羅斯庫頁島地區的北韓勞工」，李艾莉亞，李昌鎬，方日權，統一研究院，二〇一七

◎ 「海外北韓勞工的人權實態，前往中國」，國民統一放送 北韓勞工人權實態研討會，二〇一七

◎ 「二〇一八 理解北韓」，統一研究院，二〇一八

◎ 「繼承者金正恩」，李永宗，NeulPeum 出版社，二〇一〇

◎ 「北韓的繼承者為什麼是金正恩」，藤本健二 著，韓恩美 譯，Max Media，二〇一〇

◎ 「盧武鉉 金正日的二四六分鐘」，柳時珉，Dolbegae 出版社，二〇一三

◎ 「透過關鍵字觀察之金正恩時代的北韓」，鄭昌現，Sunin 圖書出版，二〇一四

◎ 「金正恩時代的北韓經濟」，林乙出，Hanol 出版社，二〇一六

◎ 「金正恩體制為何沒有崩壞」，Lee States 著，李東周 譯，Red wood，二〇一七

◎ 「北韓綜合市場與先君政治」，Hazzle Smith 著，金在吾 譯，創批出版社，二〇一七

◎ 「七〇年的對話」，金淵哲，創批出版社，二〇一八

◎ 「遇難者們」，周承先，思考的力量，二〇一八

◎ 「越線思考」，朴漢植，姜國振，Bookie，二〇一八

◎ 「北韓核武的命運」，韓勇燮，博英社，二〇一八

◎ 「南北韓關係的理解」，禹升池，慶熙大學出版文化院，二〇一八

Next 253

解密金正恩——南韓的第一手北韓觀察報告
누가북한을움직이는가

作　　　者	KBS「誰能撼動北韓」製作單位、柳宗勳
	KBS < 누가 북한을 움직이는가 > 제작팀、YU JONGHUN
譯　　　者	馬毓玲
主　　　編	陳怡慈
特約編輯	周岑霓
執行企畫	林進韋
美術設計	黃子欽
發 行 人	趙政岷
出 版 者	時報文化出版企業股份有限公司
	10803 台北市和平西路三段 240 號一～七樓
	發行專線／（02）2306-6842
	讀者服務專線／ 0800-231-705、（02）2304-7103
	讀者服務傳真／（02）2304-6858
	郵撥／ 1934-4724 時報文化出版公司
	信箱／台北郵政 79 ～ 99 信箱
時報悅讀網	www.readingtimes.com.tw
電子郵件信箱	ctliving@readingtimes.com.tw
人文科學線臉書	http://www.facebook.com/jinbunkagaku
法律顧問	理律法律事務所 陳長文律師、李念祖律師
印　　　刷	勁達印刷有限公司
初版一刷	2018 年 12 月
定　　　價	新台幣 320 元

版權所有 翻印必究（缺頁或破損的書，請寄回更換）

누가 북한을 움직이는가
Copyright ⓒ 2018, KBS < 누가 북한을 움직이는가 > 編組、柳宗勳（YU JONGHUN）
Licensed by KBS Media Ltd. Seoul, Korea.
All rights reserved.
Original Korean edition published by GANA PUBLISHING CO., LTD.
Complex Chinese edition copyright ⓒ 2018 by China Times Publishing Company
This Chinese complex characters translation edition was published by arrangement
with KBS Media Ltd. Through Imprima Korea Agency

ISBN 978-957-13-7636-3
Printed in Taiwan

解密金正恩——南韓的第一手北韓觀察報告 / KBS「誰能撼動北韓」製作
單位、柳宗勳 (KBS < 누가 북한을 움직이는가 > 제작팀、YU JONGHUN)
; 馬毓玲譯 . – 初版 . – 臺北市 : 時報文化 , 2018.12
　　面；　公分 . – (Next ; 253)
譯自 : 누가북한을움직이는가
ISBN 978-957-13-7636-3 (平裝)
1. 政治經濟分析 2. 北韓
552.328　　　　　　　　　　　　　　　　　　　107021239